《能臣廉吏栗毓美》编写组

顾　问：马　斌　卫洪平　张清河
组　长：杨志文
副组长：陈学锋
成　员：徐志生　李跃山（执笔）

晋

廉政文化读本

○ ○ ○

能臣廉吏

栗毓美

本书编写组

山西出版传媒集团　　北岳文艺出版社
BEIYUE LITERATURE & ART PUBLISHING HOUSE

图书在版编目（CIP）数据

能臣廉吏栗毓美 /《能臣廉吏栗毓美》编写组著 . —太原：
北岳文艺出版社，2015.11
ISBN 978-7-5378-4574-8

Ⅰ．①能… Ⅱ．①能… Ⅲ．①栗毓美（1778～1840）
—传记 Ⅳ．① K827=49

中国版本图书馆 CIP 数据核字（2015）第 247119 号

| 书名：能臣廉吏栗毓美 | 著者：本书编写组 | 责任编辑：贾江涛 |
| | | 书籍设计：张永文 |

出版发行：山西出版传媒集团·北岳文艺出版社
地　　址：山西省太原市并州南路 57 号
邮　　编：030012
电　　话：0351-5628696（发行部）
　　　　　0351-5628688（总编室）
传　　真：0351-5628680
网　　址：http://www.bywy.com
E-mail：bywycbs@163.com
经 销 商：新华书店
印刷装订：山西万佳印业有限公司

开　　本：700mm×1010mm　1/16
字　　数：115 千字
印　　张：10
版　　次：2015 年 11 月第 1 版
印　　次：2021 年 1 月山西第 2 次印刷
书　　号：ISBN 978-7-5378-4574-8
定　　价：48.00 元

本书版权为本社独家所有，未经本社同意不得转载、摘编或复制

目 录

序

中共大同市委书记 张吉福

巍巍北岳闻名遐迩，赫赫栗墓名垂青史。这一名山、一名墓，是浑河之滨一尊自然奇峰、一处精神高地。北岳恒山以其"人天北柱"的雄姿为世人所倾慕，栗公毓美以其"能臣廉吏"的高风为后世所景仰。多年以前，我就对恒宗北岳曾有游历，对栗公名墓也有所闻。来大同工作后，我在浑源调研的时候，特意参观了全国重点文物保护单位栗毓美墓，拜谒了栗家祠堂。翻阅尘封的史籍，浏览人物简志，仿佛有一种穿越之感，这位一品大员、重臣柱石，"一日在官，不忍一日不尽心民事"，一生刚正廉介、恪尽职守，终累死于治河任上。史家叹言，"南有屈子忧国投江，北有栗公舍身治河"。这种高品大德所释放的人格魅力和精神风范，令我为之震撼、为之敬仰、为之驱策。

近闻《能臣廉吏栗毓美》一书入选《廉政文化读本》丛书，我深感欣慰。习近平总书记指出，中华优秀传统文化是中华民族的"根"和"魂",是中华民族的"精神命脉",中国共产党人始终是中国优秀传统文化的忠实继承者和弘扬者。王儒林书记要求我们把握三晋文明特征,充分发掘好、传承好廉政文化、法治文化、红色文化"三个文化"。传承弘扬廉政文化,对于党员干部净化心灵、陶冶情操、纯洁党性具有重要的引领和激励作用。这次省委安排部署这一廉政文化工程意义重大,正当其时。市纪委、市委宣传部及浑源县委、县纪委共同组织编写的《能臣廉吏栗毓美》,对于传承和弘扬廉政文化很有价值,甚为高兴,欣然为序。

《能臣廉吏栗毓美》一书,分三章对栗公一生的功绩进行了挖掘梳理,以翔实的史料、严谨的态度、客观公正的立场,实事求是地将大清河帅栗毓美的"能"与"廉"展现在我们面前。我读后印象最深的,是他"持躬端谨"的态度和作风,是他"端习培风"的影响和教化。这本书是向先贤的致敬并对后人的昭示,我为云中大地有这样杰出的人物感到自豪和骄傲!

统览全书,我感慨良多。栗毓美的事迹和精神,给了我们深刻的启示,值得我们每一位党员干部学习借鉴。

为官一任,要务实"建功"。栗毓美一生最大的功绩是治理黄河。在治黄当中,他非常注重调查研究,经常乘小船沿河道巡视、考察,及时了解各处堤坝和沿岸防护情形,深入群众了解黄患的症结,总结治黄经验,并在实践中因地制宜,创新推行了多种行之有效的治黄举措,成为实心实力、勇于革新的治河专家,为有效治理黄河水患做出了重大贡献。平日,栗毓美心中有一张治水图,河道之曲直高低,河水之宽窄深浅,流速之快慢缓急,他都了如指掌。每逢风雨即将到来,他立即到达险地。一旦水患发生，他就能亲自指挥抢险，将水患降服。其在任五年，"河不为患"，使老百姓免遭水灾和流离失所。推行砖坝数年内，"三年未生一新工"，为国库节省官银一百五十余万两。"卓为当时河臣之冠"，《清史稿》对当时十多位河督分别点评，为栗毓美留下最高评价。

为官一方，要为民"立德"。栗毓美任河督之前，曾在多地任知县，查灾情，赈灾民，秉公理，不藏私，据理上争，留下许多佳话。他认为，"为吏当凭情理，不当恃气质，恃一份气质，则民受一分冤抑"。在多地任上审理积案不下万余起，皆随案随结，原告被告心悦诚服，从无翻案。"为官就当为民请善"，"为吏当凭情顺理通"，"家庭之间惟以论情，不可争理"，栗毓美朴素的民本思想和行事风范，直至今天仍然值得我们推崇和践行。

为官主政，要清廉"树品"。栗毓美任河东河道总督时，工作性质就是"把钱往水里撒"，可以说是当时最"肥"的职事，但其始终廉洁奉公，拒贿不沾，令人肃然起敬。他把居住的寝邸名为"勿自欺室"，表明其光明磊落，素心朝天。他所任之处，都大力革除卖官，杜绝贿赂，一生清廉，拒贿无数。1840 年 2 月，殉职于治河任上，在清理遗物时，竟然是四壁徒列书柜，无分文之存。栗毓美去世后，道光皇帝御赐祭葬，在其家乡浑源州（今大同市浑源县）为其建造了一座墓园和一座府邸。而栗公的骤逝，令各地吏民无限痛心和思慕，其灵柩由河南运回山西时，百姓沿途哭拜，百里缟素。之后，沿河百姓奉旨建庙，将他供为"河神"，每遇水患，即予祭拜。在今河南、山东等地，仍有多处"栗大王庙"。

鲁迅先生说，我们从古以来，就有埋头苦干的人，有拼命硬干的人，有为民请命的人，有舍身求法的人，这就是中国的脊梁。在中华民族五千年苦难辉煌的历史中，撑起中国脊梁的是广大人民群众，而那些如星河灿烂的圣贤先哲、能臣廉吏、仁人志士则是他们的杰出代表，栗毓美就是其中的一个。

《能臣廉吏栗毓美》的成书，是我们追溯先人丰功伟绩的印证，是我们营造干事创业氛围的新举，是我们提振干部信心的一剂良方。随着书籍的出版发行，一定会有更多的读者，特别是广大领导干部从中受益。我相信，该书必将对反腐倡廉、刷新吏治、全面从严治党起到积极的推动作用。希望全市广大党员干部要以栗毓美精神为镜鉴，以"能"和"廉"的品范为标尺，敢担当，善作为，创实绩，为实现弊革风清、富民强市目标而努力奋斗。

是为序。

2015 年国庆节于大同

第一章

栗毓美传略

栗毓美（1778—1840），字含辉，号箕山，又号朴园，山西大同浑源人，历任知县、知州、知府、粮盐道、开归陈许兵备道、湖北按察使、河南布政使、护理巡抚、河东河道总督等职。

栗毓美一生勤政为民、鞠躬尽瘁、死而后已，他的
名字至今熠熠生辉，必将永载史册。图为栗毓美像。

栗毓美，字含辉，号箕山，又号朴园，山西大同浑源县人。生于清乾隆四十三年（1778年）八月，历任知县、知州、知府、粮盐道、开归陈许兵备道、湖北按察使、河南布政使、护理巡抚，道光十五年（1835年）任河东河道总督兼兵部侍郎、都察院右副都御史、提督军务。道光二十年（1840年）二月病故于治河工地，终年六十三岁。

　　乾隆四十三年（1778年）至嘉庆六年（1801年），这是栗毓美一生中的成长学习阶段。

　　栗毓美少时读过私塾，后又入当地恒麓书院学习。他天资聪慧，又刻苦用功，六岁时即显露才华，塾师以"星垂天放弹"命对，他当即答"月照海含珠"，老师吃惊地赞赏说："此了位业未可量也。"到了九岁那年，他的诗文已写得很好，颇受人称赞。十七岁时，他进入学校读书，深受山西学政戈仙舟器重，被视作国家栋梁之材。十九岁时，在岁试中名列优等，补增广生员，成为享受国家生活补贴的学生。

　　嘉庆六年（1801年），栗毓美二十四岁时，考取了拔贡生，时任山西学政的莫宝斋特别看重，认为将来必成大器。

嘉庆七年（1802年），栗毓美二十五岁，入京参加朝考，名列二等第二名。奉旨以知县用，签分河南。

临行前，栗毓美拜访莫宝斋先生。先生问道："你准备怎样做官呢？"

栗毓美回答说："廉洁奉公，真心爱民，不辞劳苦，持之以恒，真心实力，不敢苟且偷生，不敢随俗。"

宝斋先生称赞道："好！为官就应这样。"

此后，在近四十年的任职期间，栗毓美一直把这一为官之道作为座右铭，一如既往地坚持奉行。

嘉庆七年（1802年）七月至嘉庆十年（1805年），栗毓美在省城多次奉命办差，每次都能弄清原委、切中要害，被上司另眼相看。

嘉庆十年（1805年）七月至嘉庆十九年（1814年），栗毓美分别署理温县、原武县、孟县、安阳县、河内县、西华县知县，因工作出色，深受老百姓的爱戴和颂扬。在温县，正逢与灾区相临，饥民没有吃的，栗毓美为请求发放仓谷煮粥救济，竟以辞官来为民请命，最后终于如愿以偿。在原武县、孟县，尽管在职均不满百天，但经过栗毓美的大力整顿，各事都井井有条。在安阳县，栗毓美严禁赌博，疏浚万金渠，捐置义地三处，查明被沙压的地亩，治理得吏不烦、民不扰。在河内县，因栗毓美断案公正严明，百姓的诉讼往往恳请栗毓美来审理。在西华县，栗毓美再三向上级陈请早霜遭灾的情况，百姓才得以缓征钱粮并得到救济。因贫民买粮困难，栗毓美冒着被罢官作赔补的危险，还没有等到上级批复，就开仓放粮。

嘉庆二十年（1815年），栗毓美补宁陵县知县。因宁陵连续几年遭灾，老百姓生活艰难，栗毓美专门赴省城请求减免赋税，甚至以辞官相争，才获得准许。勘查被沙压的地亩数，教老百姓种植木棉、花生、榆树、枣树等经济作物，实施以工代赈，让民获利。捐廉银修五里桥，捐资修补存于吕新吾先生祠的《吕新吾遗书》版片。

嘉庆二十一年（1816年）十月至嘉庆二十四年（1819年）春，因父亲去世，服丁忧。

嘉庆二十四年（1819年）四月至道光二年（1822年），栗毓美分别署淇县、修武县知县、武陟县知县。在淇县，访拿巨匪李得，为民除害，捐廉银修高村桥；在修武县，审案从不株连无辜；在武陟县，修筑沁堤及子堰，丈量沙压地亩数，请求免除百姓漕运的赋税。因协办马营坝放淤工程，并帮助抢险，经河东河道总督严烺保奏，奉旨以同知直隶州尽先升用，先换顶戴。

道光三年（1823年）五月，栗毓美署光州直隶州知州，十一月补任。严查保甲，扭转诬告之风，打击聚众结捻扰害良民行为，捐廉银修光州文庙。

道光四年（1824年）九月，经河南巡抚程祖洛保奏，栗毓美署汝宁府知府，十月补授。十二月兼护南汝光道篆。因管辖之地民风剽悍，栗毓美认为是平时教化引导不够所致，于是下令所属各地设置义学，使穷乡僻壤也都知道礼义廉耻。

道光五年（1825年）十一月，栗毓美任开封府知府。到任就昼夜审理积案五十余起，制定查办保甲章程，捐廉并劝捐重修豫省贡院，捐廉银建义学十处，下令所属各州县共捐建义学三百二十余处，建彝山书院。祥符县"常平仓"储粮不够，不能防备大的灾荒，于是修盖"司备仓"。受河南巡抚程祖洛委托，精心编校刻印吕新吾先生全书。

道光九年（1829年）正月，栗毓美署粮储盐法道。期间，道光皇帝在勤政殿召见，曰："知汝居心办事，操守俱好，行将大用之。"六月署河南按察使，十月奉旨调补开归陈许兵备道，捐廉银二千两购砖，让仪睢厅试行以砖代埽，因升任没有实施。

道光十年（1830年）四月，栗毓美任湖北按察使，抵楚即署任布政使。正逢荆州一带江水泛滥，栗毓美亲自前往查灾，散放口粮，上书请求免除或缓征赋税。八月，接按察使印，发现所属各地共有积案四千余起，于是严定审理积案章程，不久便案牍廓清。他探访了解到湖北的风气喜好告状，栗毓美出示禁令，让下属认真执行，告状之风渐渐平息。刊发以前河南省的清查保甲规条，制定行水保甲，以期除暴安良。道光十一年（1831年）八月，又署理湖北布政使，面对灾情，根据实际情况办理煮粥赈济，而不是直接发钱发米，从根本上杜绝弊端。捐银千两并动员士商军民一块捐献，共得银三十余万两，救济灾民。捐俸倡议重修湖北贡院。

道光十二年（1832年）三月至道光十五年（1835年）四月，栗毓美任河南布政使。黜华崇实，先裁本衙门供给，革除州县供应给上级部门的各种浮费。在官库的收支总簿之外，又增设四散册，将应支、应扣、应收、应存分开注明，既便于考核稽查，又杜绝舞弊。在黄河南岸祥符下汛堤身决口的危急关头，他挺身而出，当机立断指挥堵合溃堤之口。其间两次护理河南巡抚，上奏撤销桐柏县自设查盐公厂两处。根据实情查办"堆金会"组织，与传习邪教区别对待，没有株连扩大。捐义学四处，家乡浑源旱蝗灾，捐廉助赈。在自己捐廉银千两的同时，倡导人们捐助救济永城等县的贫民。

道光十五年（1835 年）四月，栗毓美署河东河道总督，主持河南与山东黄河及运河的修防工作。五月，奉命补授。

当时黄河在河南决溢频繁，其支流沁河、中牟河泛滥成灾，国家在治理黄河上投入的财力居高不下，而运河又常常因为缺水阻碍漕运，严重影响国计民生。

栗毓美上任后，注重调查研究，亲临一线，查勘抢险，在实践中探索出了一整套治河理论，汇集在他撰著的《砖工成案》。他从整治串沟入手，创造了"抛砖筑坝"的治河新法，并在治理黄河中加以推广。这是历史上治理黄河的一次重大技术创新，开创了治河的新篇章。

实践证明，"抛砖筑坝"在护堤和抢险中比过去沿用的"埽"更加稳固、节省费用。这一新的堤防工程技术不仅是对我国古代水利事业的一项重要贡献，同时也为国家节省了大量治河费用。栗毓美治河五年来，没有发生大的河患，而且节省了一百五十多万两白银的治河费用。"以砖代埽"一直延续了一百多年，直到新中国成立前，"抛砖筑坝"仍然是治理黄河的重要方法。

我国历史上在治理黄河中一直沿用"埽"的办法，即将植物的梢、秸掺以土、碎石压实，然后捆绑一处，用以护岸或堵口。到了宋代，这种方法被大力推广，并形成唯一的治河途径。明代时有人提出"筑堤束水"的治河方略，有决必堵，堵口修防耗费巨资。如何保护千里大堤成为治河的首要问题。由于黄河泥沙淤积，在河南形成"地上河"，每遇大水，大堤常被冲决，形成了众多险工。这些险工之处便成了治河的重点，需要大量的料物堆积此处。

栗毓美在一次抢险中，因料物匮乏，出于应急，用民间倒塌房屋的砖作为抢护堤坝的用料，当时发现效果比埽好。事后他总结经验，继续实践，抛筑长短砖坝六十余道。证实砖比埽的好处是不易腐烂，抗洪能力强，而且可以杀水之势，挑溜（大河）外移；比石的好处是随处可取（因河南黄河一带基本无石，从较远的地方及山东采石，路远价昂，而沿河每州县民窑不下几十座）。同时，以一方碎石之价可购两方之砖。石为虚方，砖为实方，石每方重五六千斤，砖每方重九千余斤，抛一方之砖又可抵两方碎石之用。且石性滑，入水翻滚，砖性涩，与土胶粘，可比较牢固地嵌入堤根。

栗毓美从实践到理论上对"抛砖筑坝"治理黄河有了新的认识后，便向道光皇帝上书请求推广。其间有反复，有斗争，但栗毓美不畏"浮言"和诽谤，敢于坚持这一正确革新成果，反复上书朝廷，力主用砖治河。道光十九年（1839年），皇帝批准了制砖修堤的建议，于是"抛砖筑坝"法才得以推广。直到1949年，在开封还设有砖料厂，专门烧制河工砖。现在原阳县保存的历史老坝一百零五道，砖基犹存，而原阳县是栗毓美创筑砖坝之始。由于砖坝挑溜外移，上至武陟县，下至封丘县，长约二百多里的大堤自栗毓美用抛砖法筑坝后，很少再发生险情。

栗毓美在担任河督期间，对于运河的修防也做出了很大贡献。山东济宁是中国运河之都，也是南北运河的重要枢纽，在漕运中占有重要位置。保证运河畅通的最大困扰是水量不足，明朝初年，治水大臣宋礼为了解决运河中段水源不足的问题，在南旺镇修建戴村坝，拦截汶河，并将汶水储入蜀山湖、微山湖中，作为水柜以补运河水量不足。

道光十六年（1836年）初，栗毓美上任河督不久，为了保证漕运，使水柜水量充足，便开始修山东运河、洳河、捕河、上河、泉河五厅闸坝，并修理渠道。一年后，他发现夏秋雨水较少，微山湖水柜存水严重不足，于是上书《六议》，采取一系列措施确保漕运。

栗毓美认为汶河分济南北漕运，戴村坝为水柜蓄洪最关键之处。当时他发现在南旺村修的玲珑、乱石、滚水三坝，主要是为拦汶水济助漕运，但遇大水时常常漫坝，泄入盐河归大青河入海。尤其是河床增高，泄水过多，这样注入水柜的水愈来愈少。为了改变这一现状，保证微山湖水柜存水足量，栗毓美提出了加高三坝的设想，但遭到一些人的反对。为了说服有关河臣，栗毓美不用国家投资，自己捐银购石五百方，加高坝身。当他看到蜀山湖堤身单薄残缺，便又捐资九千贯进行修理。以往朝廷规定，微山湖存水一丈一尺方准停止用水，栗毓美奏请核计湖水在一丈三尺以内就停止用水，以保证水柜蓄水充足。自栗毓美修筑增高戴村坝后，各湖水源充足，符合朝廷规定的标准，从而保证了运河畅通。他捐俸疏浚的万金渠，在济运中也发挥了重要作用，至今仍为当地人使用。

栗毓美虽位居总督，仍不忘捐助公益事业。他捐廉银一千八百两发典生息，作为河兵补贴；捐廉修河南获嘉县文庙、山东嘉祥县文庙、东平州冉子祠、邹县孟子庙、济宁州城垣文庙、五龙宫、十二连桥、浑源州南门内关帝庙；为济宁州渔山书院筹捐经费四千两；捐制硬弓，颁发各河兵营练习；浑源州遭灾，捐廉助赈，与道光十二年的捐资合计有一万多两；捐钱千缗加添恒麓书院膏火；捐建义学一处；捐钱五百缗作为浑源唐家庄石坝岁修之费；寄资三百两银作为大同府云中书院修理之资。

道光二十年（1840年）二月，栗毓美在河南胡家屯工地病逝。去世前，他对闻讯赶到的治河官员说："只要大家真诚为国，同心协力，慎重修防，我死也瞑目了！"

道光皇帝听到栗毓美的死讯，十分"震悼"，他沉痛地说："栗毓美办事实心，连年节省帑金数十万，一旦病故，诚为可惜。"并为栗毓美晋赠太子太保衔，御赐祭葬，予谥恭勤，祀名宦祠。民族英雄林则徐为栗毓美撰写了墓志铭。河南、山东各地人民为了纪念他，还为他修建了祠庙，拜他为"河神"，尊为"栗大王"，成为人们怀念、敬仰、期盼的英雄和崇拜的偶像，至今仍为人们称道和怀念。全国最大的河神庙嘉应观每年二月二庙会，人们最爱唱的是《栗毓美还债》和《栗大佬守灵》，河南郑州市豫剧团传统剧目《义烈风》就是以栗毓美原型改编的戏剧，至今仍很受当地人们的欢迎和喜爱。

孰谓公死，凛凛犹生！

第二章
能臣廉吏栗毓美

吾人为一事，须要有定识定见。苟可以利国利民，必当身任其责。设有阻碍，应立一必为之志，随机应变，以冀有成，不可以口舌相争。

第一节　尽民事　勇担当

民本思想是先秦儒家政治思想中的重要理念，也是中国古代安邦治国的一个重要思想。早在战国时期，孟子便提出："民为贵，社稷次之，君为轻"的观点。《吕氏春秋·用众》亦有"凡君之所以立，出乎众也"的民为邦本的思想。

这一思想的核心就是"以民为本"，执政为民。所谓"民本"，即认识到人民大众在国家中的重要地位和作用，如果背离了民众，失去了民心，得不到人民的拥护和支持，社会就会出现动乱，国家政权就不能巩固，甚至会被人民所推翻。

栗毓美身处清朝中叶，危难多变的社会形势和儒家传统思想的影响，使他对民本思想有深刻的认识。他说："凡事之有利于民者，断无不利于国。"并说，"某一日在官，不忍一日不尽心民事，以此罢斥何憾！"

这种民本思想成为贯穿他为官一生的指导思想，并身体力行，自觉担当，用心血践行。在漫长的做官生涯中，栗公时刻都在考虑民生，想民众所想，急民众所急。不管困难多大，压力多大，甚至危及自己的仕途前程，损害自己的个人利益，他都义无反顾地去做，不苟且、不退缩、不随俗。栗公的民本思想主要体现在爱民、养民和惠民上，具体在实践上即发展经济、赈济灾荒、积贮仓廪以及修桥补路、铲除匪患等。同时，他几乎将一生的俸禄捐出，为民谋利益。直到为官已三十余年后，他仍对亲属说："民瘼攸关，拊循乏术，弥切焦思，幸贱躯颇能耐劳。"

栗公的好友，曾任山西布政使的刘大观写过一首诗，高度赞扬他以民为本的品行：

> 印握宁陵县，才华小试时。
> 自来轩健翮，先遣就卑枝。
> 职以民为贵，廉唯俭可师。
> 树根培得好，贞固自无疑。

爱民若子　见义必为

嘉庆十年（1805年），栗毓美署温县知县时，河内、武陟两县灾情严重，而温县毗连灾区，受到严重影响。栗公深知争取救济粮是解决群众困难的当务之急，因而请求上级"发仓谷煮粥赈济"百姓。可是，当上司偕怀庆知府张牧村前来查灾时，不知何因，栗公竟得罪了这位上司。因史书在记载这一事件时，大都回避与这位上司的矛盾，我们无法知道其详情。按照栗毓美一贯廉洁奉公的品格和刚正不阿、疾恶如仇的个性，很可能在言语上发生冲突，加之有人从中挑拨，这位上司对栗公大为不满，并将这种个人恩怨用在救灾工作上，将原本批准给温县的五百石开仓谷数拨给孟县。

栗公得知这一情况，为了百姓利益，他也豁出去了，求见这位上司未果后，便怀揣官印找到了知府张牧村，慷慨激昂陈词道："上司当廉明公正，以察吏安民为务。果温县滥支仓谷，孟县所报灾户有遗漏，皆应严参，岂可把此注彼，以调停中立之举了事耶？若得罪上官，乃有司之过，何得因怒官而病民？君为郡守，能据理力争，为民请命甚善，否则吾不敢爱此官也。"说完这番话，栗公当即取出官印放置案头离去。随后又去找那位上司，直陈端末。这位上司被栗公的正义精神所震慑，理屈词穷，不再将温县的开仓谷数拨给孟县，"公躬亲施放，全活甚众"，使温县广大灾民渡过了饥饿难关。

嘉庆十八年（1813年），栗毓美代理西华县。当时因农作物遭受早霜冻，造成饥民众多，栗公请求上级赈济展缓钱粮。而前期西华县上报长势很好，上司感到难度很大，栗公说："吾身为民牧，捏灾与匿灾俱不忍为也。"为了尽快解决众多饥民的吃饭问题，他带头捐款，并动员富户，一起捐款。后用这些捐款作为动用仓库粮食的费用，赈济灾民数月，远则散谷，近则施粥，使大批灾民得到救助。他虽积劳成疾，仍逐日亲为部署。同时他注重解决受灾的遗留问题，设堂收养因饥困而被遗弃的婴儿，异乡贫民则出资送回原籍，不使流落街头。

由于西华县接连河南其他灾区，米价上涨，贫民买粮十分困难，栗公请示上司打开粮仓，分别出借平粜。当上级批文尚未下来时，面对"贫民待哺嗷嗷"，栗公"不候批复，即行开仓"。这种行为面临赔补和被罢官查办的危险，同僚都为他担心，觉得他本身清苦，若被参赔补将会不堪负担。

栗公却坦然面对，他说："某一日在官，不忍一日不尽心民事，以此罢斥何憾！"果然，此事引起上司不满，"怒其专擅，严斥。"

面对责难，栗公早已把个人的荣辱置之脑后，仍"赈贷不辍"。他的这种做法，深深感动了当地民众，纷纷表示愿意替栗公赔偿这批赈灾谷物。后上官了解详情，才得以谅解。

大灾后，西华县瘟疫流行。栗公心急如焚，他先是按民间风俗，亲临庙宇求神保佑，"斋宿城隍庙，为民祈禳"。同时，深入疫区与官医共制药饵，按户调治，使瘟疫得到控制，"全活无算"。当他离开西华县时，"士民数千人赴府乞留"。等到临行时，全都跪在路边送行，哭着说："公与吾侪共患难者也，今幸岁稔时和，何忍我公之遽去也！"

嘉庆二十一年（1816年），栗公到宁陵任知县时，由于三年前河决睢州，宁陵首当其冲，城郭田庐几乎一半被淹没。第二年又被漫淹，人民背井离乡，烟火萧条。

栗公上任后，便深入乡村了解民情。他发现宁陵本身是个穷县，加上连续几年遭受灾害，人们连日常生活都难以维持。更为严重的是积困之民身上还背着沉重的赋税，无异于雪上加霜，百姓几乎被逼得走投无路。

针对上述情况，栗公首先从减轻农民赋税着手，大刀阔斧开展工作。"免差徭，停催科，抚字招徕，详请豁免十八、十九两年阖县钱漕及十二年以后积欠，并将二十、二十一两年钱漕按年缓征。其十八年夏间未被灾以前长完丁耗银两，因征册粮串漂失无存，难以拨抵，请划抵阖邑应完二十三年堤工方价银两。"

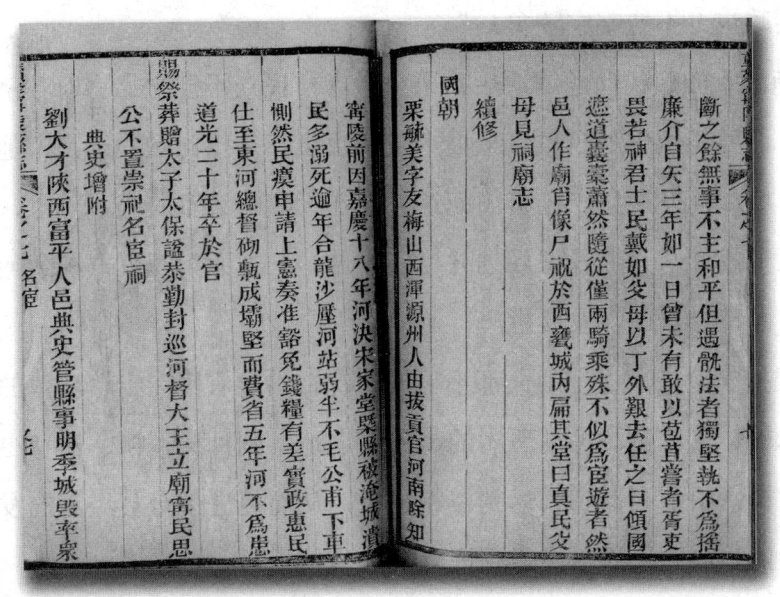

清宣统三年的《宁陵县志》记载了栗毓美任
宁陵县知县时为民请命、减免征赋的事迹。

这种将数年赋税减免和缓征的情况，以往没有先例，上司不敢贸然批准，说："昔年虽有豁免旧案，从无将数年阖邑正赋全豁者。"

栗公闻言内心十分痛苦，他声泪俱下，再三力请，说："圣天子保民若赤，断不忍重其负累。若肯为民请命，纵无成案，亦必仰邀恩准，况有成案可比照乎！"

经护理巡抚吴邦庆据情上报，得以批准，栗公才如释重负。老百姓得知为其减免了钱粮，感激万分，欢呼雀跃，"民庆更生"。刘大观曾在《覆栗朴园太守书》中谈到这件事时大为感动。他说："阁下昔宰宁陵，在睢州河决之后，田有陆沉，民多逃散。及其归也，前官仍以原额征索，鬻儿女，完废田之税。阁下屡请于上官，奏请豁免。……此吕新吾之实政也，不愧宰宁陵矣！"

当沉重的赋税问题解决后，栗公考虑，民众不能光靠官府救济维持生活，而要组织生产自救，从根本上解决生活贫困问题。于是，他走村串户，就如何发展生产倾听民间意见。在大量的调查研究基础上，他做出了近期发展与长期发展规划并付诸实施，一方面组织群众疏通河道，另一方面整修农田，发展生产。

根据宁陵被淹、土地大都不毛的情况，引导农民在土壤沙薄的地区种植木棉、落花生；地性恶劣的"斥卤之地"则种杨、柳、榆和枣等树木。这样，眼前利益和长远利益相结合，从而促进了全县经济的发展，使百姓的生产和生活很快得到恢复。

作为一名地方官，栗公体国忧民之心，已超越了一般人的想象，他的所作所为，令许多人难以理解。

这不是作秀，也不是图虚名，更不是为了捞取个人政治资本。追溯他的心路历程，可见他有一个坚定的信仰，那就是忠君爱国，勤政为民。因而他自觉承担对国家、社会的责任和义务。他不仅提出了多项爱民养民的措施，而且对人民的关心、体贴、照顾和帮助，如同亲生父母对待儿女一般，几乎是倾注整个身心，甚至倾家荡产。正如《原武县志》记载：公"于民则爱若子……去之日，原民泣送，皆攀辕祝曰：'我父母其何时返？'"

道光二年（1822 年），栗公任武陟县知县时，韩村漫口，在组织生产自救的同时，首先想到许多贫民将会流离失所，便及时做好散发蒸饼、席片的工作，解决了百姓的生存问题。后又禀请抚恤蠲缓钱粮，以减轻百姓的生活负担。

栗公在河南沿黄河一带当知县多年，深知民间每年因埽工、桥工、车马之费摊派太重，贫民负担不起，履任武陟县后即大力裁减，使当地民众省费近半。

由于武陟县靠近沁河，是黄河经常决溢之处，屡次抢险，所用岁料不敷应用。按照常规和清廷规定，这些物料应由当地百姓摊派支付。但栗公没有这样做，他考虑百姓生活艰辛无力支出，不忍心继续摊派，便用自己的养廉银替百姓垫付了这项治河工程摊派款，两年来共垫资逾万缗。

百姓的负担减轻了，但栗公却默默地为其"买单"，而此时他正值受处分期间（因协助河厅收购秸料问题），"奉旨革去升衔顶戴，停其升用"。人们很难想象，栗公当时是什么样的心情。他虽身在逆境中，仍然没有丝毫计较个人得失，心里始终装着百姓。

也许有人觉得栗毓美有钱，俗语道："三年清知府，十万雪花银。"其实，清朝官员无论满汉、文武，其俸禄一律按品级定高低，以俸银和禄米发给。除了正俸外，尚有皇帝的"恩俸"以及养廉银。清朝官吏自雍正后有两份工资，一份是基本工资，即俸银；另一份是养廉工资，即廉银。一个正一品的大官，年俸才三百多两银子，禄米每年才百余石。正七品的县官，更只有几十两银子，二十多石米。而养廉银，一般督、抚一年可得到一万五千两，道员可以得到三四千两，知县一年也可拿到一千两。如果是贪官污吏靠受贿和敲诈勒索的话，真就应验了那句俗语。而一名廉洁奉公的清官，仅凭其俸禄并不富裕，尤其是一个品级较低的县官，更不会富到哪里，从栗公身为知县，其父去世时，竟连丧葬费都得借贷的情况可窥一斑。退一步讲，即使官吏有钱，又有几个愿意拿自己的俸禄替老百姓垫付摊派呢！

史书上曾这样描述栗公："遇寒畯伙助必丰，到处周济贫乏，见义必为，虽囊橐无余，犹称贷以益之。"

不难看出，栗公不是因为有银子而捐，他常常是向别人借钱也要捐助，不是"勇为"，而是"必为"。这种民本思想在他的一生充满了张力。

道光十一年（1831年）八月，栗公以湖北按察使署布政使。这年阴雨连绵，江水暴涨，许多郡县受灾。面对这一情况，栗公首先考虑到为民赈灾问题，而湖北过去从未有过办赈成案。于是，他专门从河南省"檄调文卷，详请抚恤，委员携带赈银分赴灾区，散给贫民。"同时，"并请蠲缓钱粮以纾民力"。由于贫民流离失所，连饭都吃不上，栗公决定办粥赈。当时许多地方官借口煮粥易于舞弊滋事，请求散放钱米，栗公断然否决了这一请求。他认为："散放钱米则次贫者亦可冒领，稽查不易，施粥则非饥民不肯就食。至煮粥舞弊，只须认真严查煮粥夫头，弊端可去，非煮粥即可滋事也。"

为了筹集施放粥米的资金，他首先带头捐千金，并劝谕士商军民一同捐资。在他的带动和感召下，共获得捐银三十余万两。栗公核计，按当年时价谷一石可动仓谷二石，这样可延长施粥好几个月。他于是将这批捐银储库，经请示先动用仓谷，等丰收之年再购买补回。

施粥的资金及粮食的问题落实下来后，为了切实做好这项工作，以免滋弊，他又亲手制订了《灾赈煮粥条规》，颁发所属，并亲力亲为督促下属实力稽查。

经过栗公采取的一系列措施，这次赈灾工作有条不紊地进行，并取得了十分重要的成果。仅江夏、汉阳两县就赈济饥民十几万人，施粥达七个多月。冬季又发给灾民棉衣、草衣等，救活灾民不计其数。

饥民问题解决后，栗公考虑各州、县所设普济堂大都奉行旧的规章制度，并未真正发挥作用；江堤又是田庐保障，如果修筑稍有偷工减料，防守偶有松懈麻痹，便会造成溃塌，于是专门刊发普济堂及修守堤工章程，严饬各属实心办理。

清代盛康撰《皇朝经世文续编卷三十二·户政四·养民》一书中，保存了栗公起草制定的这份《普济堂并育婴堂条约》，从中可见对工作的严肃认真和为民考虑的细致周到。

道光十二年（1832年），栗公回到河南任布政使。当年八月，黄河南岸祥符下汛堤身冲开决口，当时巡抚已入闱监试，河督、开归道等治河负责人均在别处抢险，栗毓美没有等待，更没有推诿，而是亲临一线，当机立断，积极组织抢险，很快将决口堵合。

当栗公拖着疲惫不堪的身子从工地回到省城后，又迅即查明祥符等五州县被淹及上蔡等三十五县遭水患及积雨积潦的灾情，经奏报后，很快批准分别抚恤并缓征钱粮。查灾、抚恤、缓征问题虽然得到解决，但栗公考虑这些地方因往年受灾，有的县历年来已经缓征钱粮，若再缓至次年，同时一并征收钱粮的话，民众不免生活拮据，于是又呈请分别递缓。这样，避免了一并堆积在一年交清钱粮的问题，为百姓解决了后顾之忧。此外，对于淹死的人口以及冲塌的房间均给予丧葬费和修缮费。同时，饬行各州县于隆冬劝捐，煮粥收养贫民。

省城由于阴雨连月，民房也大都坍塌，贫民无力修葺。栗公想到会有人露宿街头，于是捐钱千缗，或作为修房之资，或散给席片，避免流离失所。道光十三年（1833年）年初春，永城等县贫民很多，又专门捐廉千金，并饬各属劝捐赈济。

凡是百姓有难处、需要的地方，不论是在任职的地方，还是家乡浑源，只要他看到的、听到的或是想到的无不竭其所能，全力以赴。

任开封知府时，佛寺中有外地人寄存的尸棺，年久多有暴露，栗公便捐资购置了一块义地，将男女分别掩埋，标识姓氏，以便亲属寻认。早在安阳任知县时，他看到异乡浮厝之棺，年久暴露，而该县以前没有义地，于是他捐置义地三处，路无遗骸。

他考虑河兵常年在工地治理黄河，十分清苦，于是专门捐廉银二百两发商生息，以资补贴。后来，他任河督不久，又捐俸一千八百两白银，发商生息，作为河兵的生活补贴。像一些社会福利事业就更不要说，如普济堂、留养局、育婴馆等，均为其捐资，以增口粮，冬则为其添置棉衣。

栗公虽在河南为官，但对家乡人民也时刻惦记。考虑浑河御水石坝——唐家庄石坝是浑源城及周边农田和房屋的重要屏障，捐钱五百缗作为一年的维护保养费用，还为留养局捐口粮。他闻知南关关帝庙年久失修，马上捐款修缮。

尤其值得一提的是，浑源曾在道光十二年（1832年）、道光十六年（1836年）两次遭受旱蝗大灾，栗公均捐廉助赈，先后捐银达一万多两。据浑源学者白明星根据栗公墓所拓碑文介绍，为了救灾，栗公将家里仅有的积蓄一千两银全部拿了出来，后仍觉不够，便将全部家产变卖，又从别处借贷，以救灾民，为了家乡救灾，他几乎倾家荡产。

栗公一生究竟为民众做了多少好事，办了多少实事，又为老百姓捐助了多少钱，现已无法准确考证。仅就有限的资料做不完全统计，他生前捐助的各类款项高达四万多两，而他自己死后仅有祭田四十余亩，旧屋一区（现在的栗府为栗公逝后皇帝赐建）。

栗公一心爱民，既代表了朝廷的意愿，也践行了自身的追求，使人民安居乐业，社会安定，经济发展。同时，他本人也得到了人民的拥戴。据说，宁陵人民感念他的功绩，在他离任时硬是将他穿过的靴子留下，挂在城门洞旁，作为纪念。

直到今日，在河南宁陵县，栗公虽已去世一百七十多年了，但宁陵人民口口相传他的业绩，怀念他一心为民的高尚品质。假如提起栗毓美的名字，仅有少数人知道的话，那么一提起"栗大王"，几乎无人不知，无人不晓。

《宁陵县志》有一篇当地学者马学庆撰写的《"大水不淹宁陵县"的传说及历史真相》，文中写道："在宁陵，妇孺皆知的传说故事莫过于'大水不淹宁陵县'与'栗大王保佑出行'。"这两个传说反映了当地人民至今对栗公的热爱与敬意。

我们 2015 年 7 月在该县堤湾村采访时，许多老百姓提起栗公大都亲切地称"我们的老县长"。一位老农民开着三轮车到地里作业，路过时听说我们正在采访栗大王事迹，专门调头回来说："我给你们讲讲我们的老县长……"他滔滔不绝地向我们讲述了祖辈们传下来的栗毓美勤政爱民的故事。

严惩善断 闾阎肃清

栗毓美作为封建社会的一位官吏，面对清朝中后期的日趋腐败与社会问题，他个人虽无力改造整个社会，但凭自己的担当在任上撑起了一片蓝天，真正做到了为官一任，造福一方。

惩治匪患

清朝中叶，一些地方的社会问题十分突出，诸如吸毒、赌博、匪患等，严重影响着人们的正常生活。加之自然灾害频繁，吏治腐败，致使流变不断，人民饱受其苦。栗毓美对此十分重视，一经发现，便作为大事来抓，亲自部署，严厉打击。

嘉庆二十四年（1819年），栗公刚署淇县知县，就了解有巨匪李得扰害乡里，无恶不作。据说李得凭一身软硬功夫和飞檐走壁的轻功，横行乡里，经常入室强奸妇女，并聚众赌博，贩卖毒品，抢劫财物，令人发指。而地方官吏和差役因得到李得的好处，熟视无睹，不闻不问。乡民对此恶霸敢怒不敢言，更不敢举报，生怕报复，无形中更助长了其嚣张气焰。

栗毓美敢于碰硬，亲自带着衙役从李得家中将其缉拿归案。经开堂审问，李得对所犯罪行供认不讳，其罪行耸人听闻：强奸妇女五十多人，抢劫财物折合银子三千多两，杀害和致死无辜百姓十多人。

栗公将案件审理清楚后，将李得及其三名同伙判处死刑，为当地人民除了大害。

嘉庆二十五年（1820年）署修武知县时，奉调审理中牟县匪徒刘顺义等演习拳棒谋逆一案，栗公只严惩了匪首，而对其随从则宽大处理，没有株连扩大。

道光三年（1823年），栗毓美调任光州知州。此地连接安徽、湖北，地方治安十分混乱。当时，在安徽、江苏北部和山东、河南、湖北出现了聚众造反的团体，称作"捻子"。"捻"为河南、安徽交界一带的方言，即聚合成股之意。

栗公当时发现这一团体聚众结捻，包送私枭，扰害良民，且好讼，动辄罗织数十人，虚词捏控。他通过深入乡下明察暗访，摸清根源后说："捻匪由于官役之纵庇，健讼由于受人之愚弄。"于是，栗公首先从惩治诬告入手，严厉打击，"讼风渐息"。紧接着，严查保甲，不动声色，访获著名"捻子"头目张怀举，"禀请惩办，匪徒莫不敛迹"。

栗毓美在习教结帮这一问题上头脑始终是清醒的，他深谋远虑，居安思危，绝不会让有谋逆之心者形成势力，由蛇变蟒。

嘉庆十八年（1813年），栗毓美在滑县查办灾赈，这是他第二次到滑县。上次嘉庆九年（1804年）他因勘灾曾到过滑县，就闻知当地民间习教者多，便十分警惕。此次再来，他发现此地民间习教者已形成一个庞大的群体，尤其正值灾荒严重，匪患肆行，抢劫时有发生，当时就意识到问题的严重性，深为忧虑。考虑到这些习教者很可能要在大灾之年做出离经叛道之事，甚至会聚众造反。于是他劝说滑县知县强克捷应严加防范，消除祸患，但这一建议并未引起重视。后来栗公又前往卫辉府知府郎锦麒那里，提醒注意。郎知府同样不以为然，他说："君以滑民为必叛耶？"栗公说："叛未可知，地方官宜先事预防耳。"可惜，栗公防患于未然的宝贵意见没有被采纳，致使付出惨重的代价。不久，滑县大乱，知县强克捷被杀，轰动朝野，"沿及畿辅，天下震惊，人乃服公之先见。"暴乱发生时，栗公奉檄代理西华县，正逢当地遭受霜灾，民大饥，极易引起民变。他担心逆犯潜匿，饥民被其煽惑，酿成巨案。鉴于当时营兵已调赴军营，仅留守城兵士数名的危急情况，他一方面请求赈济、展缓钱粮，以救济百姓；另一方面"团练乡勇操演民壮，力行保甲。以大义律法晓谕乡民，处之以镇静。于是宵小敛迹，闾里安堵。"

据《明清史料》记载，这是清朝中期一次规模不小的农民起义。首领李文成、林清为"天理教"教首，竖起"**大明天顺李真主**"大旗，有京畿、直隶、山东等地教众相呼应，声势浩大。

从这件事可以看出栗公对维护社会稳定的警惕性和洞察事务的远见，他能在问题萌芽阶段，便未雨绸缪，防患于未然。而许多人则是等事情发生了，才去亡羊补牢。林则徐在总结这件事时曾说："天下之患，发迟则祸烈，发速则祸轻。"

断决狱案

古时审理狱案是府、州、县各级官吏的一大任务，昏官与清官也常在断案中体现。在老百姓心目中，能公正明断的，便是好官、清官；而制造冤假错案的，则是昏官、贪官。

常言道，八字衙门朝南开，有理无钱莫进来。栗毓美在这方面不仅能公正明断，而且对当事人反复劝导、以情相感，正如史书记载："公善折狱，民间以为今代之'龙图'。"自从出仕以来，受理以及奉命在怀庆、彰德、开封等府和祥符县审理积案不下万余起，皆随讯随结，原告被告心悦诚服，从无翻控。

栗公认为："为吏当凭情理，不当恃气质，恃一分气质则民受一分冤抑。朝廷设立刑杖，所以处罪人，而非供为吏者泄私愤也。如以私愤责人，则民将不堪矣。"这里，栗公从爱民的根本出发，阐述了情与法的关系以及他对处理案件的态度，即不能以个人成见用事，而要以理服人，真正做到公正廉明。

在实践中，栗公还摸索和总结了一套审案的方法，他说："听讼之道不外乎诚悯，其无知犯法，则古人所称：'如得其情，哀矜勿喜，二语尽之。'案无大小，务宜批郄道窾详慎推究，肫肫然代两造设想，惟恐其含冤负屈，彼自激发天良，直言无隐。间有愚民语言拙憨，必须平心静气，不可刑责。尸亲事主及妇女等，尤宜格外矜恤。笞杖虽轻，受者终身之辱，小民固微贱，奈何轻加刑杖乎？"

"谳狱宜旁敲侧击，使之不得不供吐实情。再察其神色，度以物理人情，自然判断平允。若徒事刑求，或将紧要供情先出自问官口中，即案无枉纵，亦难信心矣。结案之时，应晓以利害，告以情理，将其心中疑惑、奸谋、诡计一齐道破，然后可免人怂恿翻控。尝有原审并无屈抑，讼者仍渎控不休，皆当时开导未明故也。若应拟大辟者，必明告以罪，使之死而不怨问官。能于犯人临刑时心中毫无疑惧，其庶几乎？"

栗公运用这一方法在审案中，每每收到好的效果。"每审一案，必叙其致讼之由与情理之真伪，是非曲直并讯断之法，议论动数千百言，略如堂断式。"

栗公说："非讯问透彻，则议论不能畅达中肯。"在审案中，他十分注重调查研究，实事求是，并动之以情，晓之以理，用事实说话，以科学的推理将案情的原委一一道出，使罪犯心服口服。有刁蛮狡猾的犯人，别人审则狡辩不承认，但一见栗公就立即服帖招供，问其原因，犯人对答说："栗使君公而明，吾不能欺，且不忍欺也。"栗公在开封居住在南门大街，是案犯解往院司复查的必经之处，经常有犯人到门前叩谢栗公。差役开玩笑说："是栗大人把你法办的，你为什么还要感谢他？"犯人说："虽加吾罪，吾心服，情不能自已耳。"

嘉庆十六年（1811年），安阳有一盗贼，在偷盗时与事主发生搏斗，杀人越货而逃。当时，栗公在该县任职，他在现场勘察时发现有大便污物，便将此细节铭记在心。离任三年后，在另一案中捕获了两名盗贼，一贼身边带有布袜，另一贼头戴毡帽，上系红结，都是西人式样。事主没有亲人，据邻居反映，这些衣物很像死者的东西。而二贼均携利刃，但对该案则矢口否认，供词前后矛盾，每次审讯总是翻供，致使该县的主审官无法定案。

栗公奉委会审，细心察看二盗贼，发现有一个形色惊慌，又仔细辨别凶刀，看到刀柄的血迹似左手指痕。于是召该犯进食，果然以左手用筷，便开庭审讯，一审定案。

栗公审问道："杀人之后为何不逃，竟敢在事主家中饮水？"

盗贼说："没有。"

栗公又问："我当时在现场看见有大便污物，为何？"

贼说："小人正跑肚子，所以在此大便的。"

栗公对原审官说："真凶得矣，此乃予于相验时心中默记者也。"

信阳州有一家店铺被劫，众盗犯四处逃散，失主喊捕，抓获了石麻子等十名贼人。这些贼人因畏惧大刑，都承认是自己所为。此时，栗公已代理南汝光道一职。犯人押解到府，栗公看到犯人虽供认无异，但察看其形色似有不服的表现，遂开庭复审。

于是略施计谋，佯称正盗已抓获。石麻子等顿时失声大哭，连呼"青天"，并从实招来：以前虽曾合伙偷过几次，但从未敢抢劫，那天聚众打架回来，正好经过那里就被抓了。

栗公审理清楚后，认为此案系冤案，遂将石麻子等八犯分别杖打或发配，将石哑巴等二人当场释放。过了一个月，安徽省果将正盗拿获。

栗公不管在何处任职，不管有多少案件，他总是不厌其烦，本着对百姓负责的精神，加之他在这方面的钻研，经他审理的案件中没有发生一起冤假错案，最终使坏人绳之以法，无辜之人还以清白。

道光五年（1825 年），栗公调任开封知府，发现有积案五十余起，无辜之人往往被拖延致毙。经夜以继日，栗公用一个月的时间将这些积案全部审理完毕。许多无辜之人得到释放，感动万分，直呼"栗青天"。史书记载："公任开封三年余，与前在汝宁、光州各任，历年招解并承审各案多所平反。"

在开封承审荥泽县姚哑巴杀母一案，更显出他的才干和过人智慧。

姚哑巴既聋且哑又两目昏眊，有人报案，说他杀害其母。当时县官审理后定案，其母系姚哑巴所杀，是一起逆伦大案。

栗公受委会审此案当中，细致地观察姚哑巴的面部表情与手势，见其手势比作耳环发髻时便大哭，同时用手指做出一个"七"字，并作卧状，知其必有隐情，而其他会审官对此均不能会意。

栗公分析，姚哑巴一谈到其母便大哭，足见其孝与悲，而"七"则是与该案有关联的人，很可能和此案关系重大，卧状则有可能是奸情，显然这是一起冤案。

经过询问差役和邻居，果然证实他的推理分析判断准确。原来，姚哑巴系一孝子，平时对其母十分孝敬。因其父早年抱病身亡，母亲含辛茹苦将其养大。他为了报答母恩，勤劳吃苦，不管刮风下雨，天热天冷，不是砍柴，便是下田，主动承担起家庭生活的担子。又询问到姚哑巴确有一堂叔叫姚七，与姚哑巴手指比画的"七"字码相符。至此，案情基本明了，栗公胸有成竹。一方面，他派衙役唤姚七；另一方面，他画了男女画像各一，并作纸刀一把。

栗公在堂上，将刀柄指向男像，让姚哑巴辨认。他先问："是某某否？"姚哑巴摇头，后问："是姚七否？"姚哑巴点头，然后拿起纸刀作砍杀状。

栗公已心中有数，但当时其他会审官员却大为不满，他们认为如此逆伦重案，不应作此儿戏。

当传唤姚七到公堂时，栗公以姚哑巴所作出的手势，说明姚哑巴因捉奸误伤其母，并对姚七突然大喊一声："奸夫便是你姚七。"姚七猝不及防，没有一点心理准备，顿时耷拉下脑袋，承认其罪行，全部招供：他与姚哑巴的母亲有奸情，后被姚哑巴窥破，那天晚上他又来到姚哑巴母亲家住宿，第二天清晨，姚七没有料到，姚哑巴竟持刀进屋向他扑砍，其母因抱他遮护，被误伤致死。

至此，案情已大白。各陪审官都佩服栗公设想之妙，几乎是神断。

《栗恭勤公年谱》这样评价栗毓美："公生平断狱不拘泥律令，不滥事刑求，惟以至诚至情相感。"

栗公在断案中不仅以高超的智慧和娴熟的技巧做到公正严明，从不放过一个坏人，也从不冤枉一个好人，使国家的律令和刑法得到很好的贯彻执行，震慑了犯罪分子。同时，他常常在审理民事案件中，做到晓之以理，动之以情，用情义感化当事人。

有一戚姓兄弟因地亩问题发生争议，兄弟反目，告上衙门。

过去的县官和府官一般都对这种争产争继的伦纪之事，颇为头痛，十分厌烦。而栗公却对此事非常认真，他从手足之情着手，用伦理道德去感化，最终使这种棘手的案件得到妥善处理。既拯救了一颗蒙上灰尘的心灵，又弘扬了仁孝传统理念。

戚兄认为自己和其弟非一母所生，而继母又溺爱其弟。栗公听后，十分诚恳地对他说："事继母孝，正所以报汝父汝母之恩。汝以弟非同母屡次争控，是知有母不知有父，且敢谤怨继母，子道与兄道两亏矣。"

这番话语重心长，在情在理，戚兄十分感动，磕头感谢，并说："小人幼曾读书，未明大义，微公言，几陷于禽兽。"而后又向栗公请教处家之道，栗公说："天理不外人情，家庭之间惟宜论情，不可争理。情至则合理，争理必伤情，伤情即非理矣。汝当反躬自责，友爱幼弟，诸事忍让。不可议继母之不慈，责汝弟之不恭也。"

戚兄听毕，深有"听君一席话胜读十年书"之感，同时对自己的所作所为痛心不已，泣感而去。

原为争夺财产的一对兄弟就这样化干戈为玉帛。

禁烟禁赌

栗公长期受儒家思想熏陶，对社会丑恶现象深恶痛绝。他认为吸毒和赌博严重危害社会的安定，使许多人不务正业，走向堕落。另一方面吸毒、赌博常会造成家庭破裂、经济困难，易使人们走向犯罪道路，去偷、去抢，因而他在这方面旗帜鲜明、态度坚决地采取严打措施。

嘉庆十四年（1809年），栗公在安阳任知县时，在走访民情中发现，该县城乡赌风十分厉害，不少穷民因赌变为流民、盗贼。于是栗公密访到赌巢后，立即将赌棍逮捕惩办。经过严厉的打击，彻底消除了赌博现象，"赌风浸息"。

在打击赌博当中，栗公严格区分犯罪界线，不扩大、不株连。有一次，在拿获赌犯时，本应将其房主作为提供赌场人员一并惩办，但栗公查明，该房主并不知情，便依例办理，未受拖累。

清朝中期，吸毒（老百姓称之为抽大烟）问题相当严重。自乾隆三十八年（1773 年），英国东印度公司开始对中国经营鸦片贸易以来，至道光十八年（1838 年），尽管清政府不断抵制，但由于官场的腐败、英商的贿赂，鸦片泛滥，愈演愈烈。

马克思曾经分析鸦片贸易问题时一针见血地指出："英人收买中国当局，收买海关官吏和一般的官员，这就是中国人在法律上抵制鸦片的最近结果。贿赂行为和鸦片烟箱一同侵入了'天朝'官僚之肺腑，并破坏了宗法制度的柱石。"

这种情形导致了吸食鸦片在全国形成了一个庞大的群体。道光十八年（1838 年）鸿胪寺卿黄爵滋奏："上至官府缙绅，下至工商（作坊、商店主人）优隶，以及妇女、僧民道士，随在吸食，置买烟具，为市日中。"据道光十五年（1835 年）估计，吸洋烟人数，约二百万以上。蒋湘南与黄爵滋《论禁烟书》写道："今之食鸦片者，京官不过十之一二，外官不过十之二三，刑名钱谷之幕友，则有十之五六，至长随吏胥不可以计数。"

由于吸食鸦片的人数众多，给中国人民造成了极大灾难，国家财政和人民生活都遭受到了严重危害。中国每年出口丝绸茶叶等产品，不能抵偿鸦片贸易支出，还要补足白银数百千万两，人民"竭其终岁之操作，不足以偿暗室之一灯"。就是说，人民整年的劳苦生产，还不够吸食鸦片的费用。关于国家财政损失，黄爵滋曾有一份奏折说："自道光三年至十一年（1823年至1831年），岁漏银一千七八百万两，自十一年至十四年（1831年至1834年），岁漏银二千余万两，自十四年至今（道光十八年，1838年），渐漏至三千万之多。"

面对这一严重问题，道光皇帝将禁烟提到了重要议事日程，令各省督抚大员展开了有关禁烟的大讨论。

这场讨论形成了三大派，即以许乃济为首的妥协派，以林则徐为首的抵抗派，以穆彰阿为首的投降派。

从当时的讨论来看，禁烟派势力是薄弱的，仅有林则徐、栗毓美等八人，其中汉员六人。但是他们以国事为重，不屈于压力，力主禁烟。

据朱学勤主编的《大清帝王·道光》中记载。道光十八年（1838年），鸿胪寺卿黄爵滋上疏道光帝，力陈禁烟。道光帝将此奏章批转各地军政大员，要求"各抒己见，妥议章程，迅速具奏"。

"黄爵滋奏折发下去以后，各省将军、督抚陆续遵旨上奏，道光帝先后收到二十九名封疆大吏的奏章。"在二十九人中，赞同将吸食鸦片者处死的有林则徐、栗毓美等八人；主张加重处罚者有十七人；对是否加重处罚没有表态的有二人；主张维持原律，不宜加重处罚的有二人。

从这段记载来看，栗毓美坚决主张禁烟，对吸毒者严惩不贷，彻底清除这种社会丑恶现象。实际行动中，他在其管辖范围内对吸毒行为坚决予以打击，肃清这一毒瘤。

嘉庆年间，栗公担任淇县知县时，得知有匪徒以卖烟为名，诱人子弟陷入邪僻，即严行禁止。对有贩毒行为的匪首李得照例惩办，处以极刑。

"虎门销烟"是中国近代史上的一次壮举。

道光十八年（1838 年）十一月，钦差大臣林则徐奔赴广东，仅用数月便将英国殖民主义者疯狂走私的鸦片彻底清缴，共缴获鸦片二百三十七万六千二百五十四斤，并在虎门滩上全部烧毁（1839 年 6 月 3 日开始，至 25 日烧毕）。"这一伟大行动，是以林则徐为代表，第一次向世界表示中国人民纯洁的道德心和反抗侵略的坚决性。

在林则徐奔赴广东"虎门销烟"的前夜，龚自珍曾写了一篇《送林公序》，建议坚决禁绝鸦片，毋为粤省官吏、幕客、游客、商贾、绅士所动。但鲜为人知的是栗毓美曾与林则徐彻夜长谈，就禁烟问题推心置腹地交换意见，并给予鼓励和支持。

道光十八年（1838 年）十二月，林则徐在赴广东途中，于初五这一天行至山东兖州境内。在邹县中心店驿站，栗公傍晚前往看望这位多年不见的挚友，并与林则徐就禁烟问题彻夜长谈。

他们二位交情甚笃，早在道光十年（1830 年）四月，栗毓美出任湖北按察使不久后，林则徐任湖北布政使，二人同僚。虽相处时间仅为半年左右，但共同的志向、体国忧民之心，使他们成为志同道合的挚友。

第二年（道光十一年）林则徐出任河东河道总督，虽不到一年，但他力除"埽工"弊端，严禁靡费，积极提倡用石料修河。道光帝曾褒奖说："向来河臣查验料垛从未有如此认真者。"

四年后（道光十五年），栗毓美调任河东河道总督。他历来敬重林则徐的胆略气魄与才能，并深受林则徐的影响。"下车之始，首裁供张浮费，严饬道厅崇尚俭节，屏黜浮华。亲率文武员弁辛勤共事，慎重修防。"

栗公向来不喜应酬，此番林则徐到来，既是挚友，又肩负重大使命，关乎国家命运，而他们二人又都是主张禁烟的强硬派，于是栗公寒冬腊月深夜造访畅谈。

据山东济宁市研究栗毓美的学者刘广新《林则徐在济宁》一文中记述："林则徐与栗朴园久别重逢，二人同桌共餐，倾吐肺腑。从道光初年东南困于运，河工积弊重重，谈到眼下英夷走私鸦片猖獗，毒泛全国。国家不兴如病势危殆，百姓劫难而民怨四起。二人同怀救国之志，一腔热血为国为民，恨无回天之力，委曲而不能求全，抗争反招谗言。二人这一番慷慨之言，从晚饭后一直谈到亥刻（相当于晚九至十一点）方才别去。"

林则徐与栗毓美分别不久，一场轰轰烈烈的禁烟运动开始了。

备战备荒　修桥补路

强化军训与备战

嘉庆、道光年间，由于和平日久，战备意识松懈，八旗兵总共有二十二万五千四百二十九人之多，基本上成了消耗社会财富的寄生兵。入关时圈给他们的地，已卖得差不多了，还整日赌博、逛戏院、下酒馆、斗鸡、斗蟋蟀，几乎完全丧失了战斗力，一有战斗，兵不是雇人打仗，就是临阵脱逃。而绿营兵（由汉人组建的军队）计有六十六万一千六百七十一人，由于长期缺乏训练，甲仗朽坏，士卒不懂战法。道光三年冬，河南中军副将裘安邦，操练兵丁，兵丁不服，竟大哗起来，以致有人写对联讽刺道：

红鬼、白鬼、黑鬼尽由内鬼;

将军、抚军、制军都是逃军。

　　道光十五年（1835 年），栗公担任河东河道总督，属下有文武两套机构。其中武职机构河标营，主要负责河工调遣、督护及防守汛险之用。这支军队计有本标中、左、右三营及济宁城守营与驻守运河、黄河、淮河、豫河各营，共为八个营，有兵三千多人。所属各级武官有副将、参将、游击、都司、守备、千总等官。而据清周馥《黄河工段文武兵夫纪略》记载，黄河南北两岸各厅官员兵夫达七千多人。

　　这支河兵长年累月奋战在治河工地，平时养护大堤、栽树种草、固堤和积土、购料、巡查险情，一旦河道发生溢决，又负责抢修。清麟庆在《河工四汛诗》中写有"长堤梭织劳参伍，列堡环排肃弁兵"和"预祝安澜来岁庆，殷勤修守勖兵夫"，充分表达了河标营在修防黄河中的重要作用。

　　由于河标营主要以河道修守为主，加之朝廷没有下拨训练经费，以往这支部队基本上不进行军事训练，"专习桩埽，例不操防"。

　　栗公是一位具有战略思想的政治家。他认为："地方既关系紧要，武备尤宜讲求。"

　　当时，民间教会门发展泛滥，这些教会有些是正常的教务活动，也有不少是对政府不满，借机作乱的。

　　栗公对这些教会十分警惕，密切关注这些教会的动向。他认为这些有组织的民间教会有教义，有凝聚力，也有势力，一旦形成气候，当他们不满朝廷时，就会聚众滋事，甚至发生暴乱。

早年时候，他在滑县赈灾时，就注意到天理教的动向，曾提醒有关人员注意，但并未引起这些官员重视，导致暴乱发生，引起严重后果。后来，在他管辖范围内发现有捻子聚集闹事，便予以果断镇压。

在栗毓美任护理河南巡抚时，有一农民进京烧香时被抓，供出有堆金会组织，皇上下旨让栗公调查。栗公素知河南民风，知道民间常以社会为名，于农事未兴之前报赛酬神，或赴名山大庙烧香祈福。当即委派有关人员以查保甲为名，秘密前往调查。经过调查，堆金会并非传习邪教。他说："愚民惑于祸福之说，邀集同社之人远出进香，若素未为匪不法，被官吏惊扰株连，必致倾家。是烧香之良民，反不如习教者之匿迹销声，犹得安居无事矣。"

这样，就把普通民众与传习邪教者区别开来，避免打击扩大化。

上任河督后，栗公手中握有河标营，他不仅考虑河防工作的需要，而且注重武备。他想到从前金乡、曹县教匪滋事，全靠河标营进行防御。济宁介于兖州、曹州之间，宵小易于潜匿，随时有生乱的危险，而河标营则是保护百姓生命财产，镇压叛乱的军事力量。

然而，他发现河标营虽有战守名目，实则专习桩埽，以修防为事，名实不符，这样一旦发生暴乱，军队根本不能作战。于是，他从战备的角度出发，一改以往河兵不训练的做法，于冬闲"督饬将弁严行训练"。在训练中，针对兵丁不懂阵法的情况，加演三才阵。鉴于当时长期缺乏武备意识，军队的兵器大多已朽坏，有的兵丁甚至没有兵器，栗公马上捐银制作硬弓等兵器，颁发各营进行练习。经过两年的训练，这支部队已成为训练有素的作战部队，作战能力大为提高。栗公在检阅时看到"兵士演习枪矛，技艺娴熟"，"考验河营兵弁弓力均在六力以上，且有能挽十三四力者"。

后来，栗公又从实战出发，捐资三千余金，制办抬炮、鸟枪、喷筒、片刀等项军械，挑选兵丁六百三十六名，添演速战阵法。他的这一战略思想和做法，受到道光皇帝的赞扬："所办甚好，著即照所议办理。"

自此，河标营每年开始训练，平时治河修防，战时成为劲旅。

"司备仓"与备荒

栗毓美在工作中不仅尽职尽责，出色地搞好本职工作，而且深谋远虑，做到未雨绸缪，防患于未然。道光八年（1828 年），此时他已是开封府知府。考虑到祥符县经常遭受自然灾害，而储备粮食的"常平仓"积蓄不足，其他仓库因久未储粮，多已坍塌，一旦遇到灾年，便会手中无粮，难度饥荒。他从备荒的角度出发，将漕运节省的三千两经费银，原本作为县里办公之用，现以一千两修盖旧仓，二千两收买谷物。此后，便将每年节省的这笔钱全部用于买谷收储，以备荒年，这些仓库栗毓美命名为"司备仓"。

设置"司备仓"后，每当遇到灾年，便开仓放粮，远则散谷，近则施粥，确保有备无患。不仅能保证灾民的生活，也极大地减轻了国家的负担。

修桥补路

在中国的传统文化中，修桥补路是一种善行。因而，在漫漫历史长河中，不少人有此善举。

栗毓美不图虚名，他是从关心民生和体谅国家困难的角度来思考这一问题，并捐款去做的。这是一种自觉和担当，是一种责任感的体现。他在宁陵任知县时，发现五里桥损坏，按照常理，他完全可以用官银去修，或者号召人们捐资去修。当时，宁陵县是受灾县，也可以用救灾银去修。但是，他没有这样做，而是自己捐廉修五里桥。这样的事他做得很多，据有关史料记载，他在淇县任知县时，捐廉修高村桥。这座桥至今仍在使用，造福百姓。在祥符县捐廉修太平桥，修西门外道路。在安阳，由于万金渠年久淤塞，他便捐俸银疏浚，农田得以灌溉。时至今日，这条渠仍在发挥重要作用，不仅灌溉农田，还成为济运的重要通道。他还捐款修罗山桥。在济宁修十二连桥"并济郡城垣，胥倡整修，资绌至称贷以藏"等。直到临终前，他还计划重修济宁州城内石路，重建淇县高村桥。

栗毓美当年捐银疏浚的河南安阳万金渠，今天仍在发挥重要作用。图为万金渠今貌。

第二节 端士习 培风化

栗毓美非常重视教育，尽管他一生"功在河，德在民"，但对教育的认知和历史贡献也是非常卓越的。他对教育的战略思考和实践，至今仍有现实意义。

他认为，教育可以为国家培养和广储人才。

史书记载："历任所到之处，惟以端士习、培风化为首务。振兴学校，宏奖后进，增添书院膏火。教士以植品立志，身体力行，务求实学。不可徒尚文词，亦不必空谈性理，所造士多登高第为良吏。为治不多立科条，期于简易可行。"

栗公对人才的重视，在一次与道光帝的对话中表露得尤为清楚。

道光十年（1830年），道光帝召见栗毓美三次，君臣二人共同探讨吏治等国事。

道光帝问："现在为治，以何者为先？"

栗公直抒己见："自古为政不外用人、理财两大端，而尤以用人为急务。如内而大臣得其人，则所举之督抚必贤，督抚贤则大法小廉，吏治自清，而一省之民安矣。"

道光帝听后，十分赞成，连声称其："好！好！"

这里，栗公是站在国家需要栋梁之材的高度上看待教育的。同时，他十分注重人的思想品德教育，认为"为政首正童习"，孩子从小就要灌输正统思想，有选择地为他们提供精神食粮，"禁靡文，与教化，实吏治。"这样，在读书与修身、正人与正己、务实与空谈、名与利、公与私、廉与贪等诸多问题上就会明辨是非，正统思想也会在他们心灵中深深扎根，从而达到教育的教化功能。

为了强化这一功能，他提出了"崇正学，端士习"的教育理念，以涵养人们的品行，增强责任感和使命感。他还专门编刻了《吕书四种合刻》一书，在新设义学颁发，"以裨风教"。

针对当时社会道德沦丧，人们私欲膨胀，良知泯灭，不思进取，价值观颠倒，尤其人道精神的缺失等问题，栗公痛心疾首，认为这都是教育失误造成的，并对此做了深入剖析，指出其危害。

"古者仕学不分两途，师无异教，人无异学，经济学问相为表里。今人惟专务帖括以求科名，一登仕途率多忘书生本色，以头巾气为迂酸，用心于声色货利。所行类背其所学，全不以诗书礼乐收束身心，几不知学问经济为何等事。并有读书时，惟思贵以求富，若以为仕宦中人必应资财充积。或以廉洁吏告之，亦必以私意窥测，疑而未信。平居存心如此，他日之所为概可想见。

"自来有治人无治法，天下事惟有真正学问尽心力而为之，乃能除弊。行一事有一事之益，若虚应故事，无精心实意以贯注之，虽行先王之政，亦足以滋弊扰民。

"今人见事有不利于己者，每阳托为公之名，以冀阴售其私计。更有自矜才智，徒逞高论以自文，其怠玩之习不计，致弊之由见人。行一事必侈谈："某一事有某弊，断不可行。"竟若天下无一可为之事。此实学之所以日少而吏治所由不振也。"

从这里可以看出，栗公不仅重视学校的基础教育，而且重视社会的正面教育，这就是今天讲的意识形态领域的工作。因为"世道之隆替，关乎人心；人心之邪正，关乎教育。教育者，人心世道之枢机也"。

对此，栗公认为必须从根本上进行教育，净化人们的心灵。心正则做事俱正。他引用孟子的话说："有不忍人之心，斯有不忍人之政。"有了仁之心，"其为政大小毕贯，洞民艰，熟世务，明体要，审机宜，辨淑慝，维风教，一诚所注，仁术涌出。"

尽管栗公对教育有高度的认识，但历史上往往人们重视经济发展的多，而重教育的少。因为十年树木，百年育人，教育是一长线工程，急功近利是根本行不通的。因此，地方官对待教育问题一则是投资不足，二则也不愿花费气力去管。

有鉴于此，栗公自觉担当，在工作中，始终把教育当作首务。不仅积极倡导教育，而且身体力行为教育办实事，捐资兴办义学，修葺文庙、书院、贡院等；并耗费很大的精力，校刊我国明代著名思想家、文学家吕坤的系列专著，传承经典，弘扬中华文化，泽被后世。

据不完全统计，栗公生前个人捐建的义学有十五处；他亲自号召和督办捐置的义学三百二十余处；修建书院、文庙、孟庙等教化的地方达二十多处。他编校的《吕子遗书》是众多刻本中成就最高的，当代学者王国轩、王秀梅认为"这是一部编校刻印都很认真的本子"，并以此作为整理《吕坤全集》的"底本"。

平生论学　诚意勿欺

栗公是一位饱读儒家学说的士大夫，他一生注重学习，博览群书，"少耽书史，晚犹弗倦"。

在他去世后，皇帝谥为"恭勤"。这个谥号不光体现他从政上的勤奋，也包含着学习上的勤奋。他是儒家思想熏陶出来的，并最终成为儒家思想的践行者和传播者。

早在家乡浑源读私塾时，便对孔孟之道有所涉猎，能诗善文，正如他后来所言："生平读圣贤书，即学圣贤事。"后入"州庠"恒麓书院就读，系统地接受了孔孟思想的熏陶，被当时山西学政戈仙舟视为国家栋梁之材。

由于学习勤奋用功，在岁试时被列入优等，得到奖赏，从普通生员补为增广生员，"旋食廪饩"，成为有国家补助生活的学生。后于嘉庆六年（1801年）考取拔贡生，时任山西学政的莫宝斋对他十分赏识，认为将来必成大器。

出仕后，栗公学习仍然非常勤奋。史书称："公性好学，公余之暇，手不释卷。"此时他所读之书除注重实用外，仍然是以儒家的经世致用之论为主。尽管我们现在已无法得知他究竟读了多少书，其范围都有哪方面的，但从史料记载的凤毛麟角中可略窥一斑。

栗公在为老师撰写的碑文中提到，他曾对老师所著《学庸一贯论》《四书本义直解》《汉唐宋明四朝史》手抄本有出版的想法，但因老师劝阻未果。据此可见他阅读过这些书。当然也熟读过明代吕坤《呻吟语》《实政录》等系列专著。从他捐刻《唐诗近光集》《时文规范》《诸先儒名宿遗集》来看，说明他也读过这些书。此外，从他手书晋代陆机《文赋》条幅（现已发现有六幅）来看，他拜读过此作，对文学理论也有所涉猎。栗公读书注重研究。"每书必抉其精义，不沾沾于字句间。生平论学，主于诚意勿欺，颜所居室曰'勿自欺室'。"这在他后来写的一首诗中也有所表达：

> 卅年我傍嵩阳仕，
> 讲舍研经析名理。

这些书对栗公一生影响很大，他以儒家思想为安身立命之根基，同时身体力行，贯穿于自己的实际行动中，作为实现政治抱负的指南。后来，他将这种实政思想和自己的体会心得撰写了一部《实政遗编》（徐栋收入《牧书令》），并将自己的诗文汇集在《毋自欺室》一书。

栗公正是从自己的成长和学习的经历认识到教育的重要性。他把教育看作是为国家培养和广储人才的第一要务，史书记载："平生乐奖拔才俊，所至务培文教。"

栗公担任开封府知府时，捐资修贡院，建书院，为学生捐置膏火以供入院读书。更令人乐道的是，为了扩大义学规模，让众多的寒家子弟入学读书，他带头捐款建立义学十处，同时对所属州、县发文指示，号召大力捐置义学。在他的倡导和带动下，共捐置义学三百二十余处。在一府之内设立如此众多的义学，充分反映了他对教育基础作用的高度重

學問二字原自外面浮来盖學問之理雖全於
吾心而學問之事則皆古今名物人。而學事。而
問攬零合整融化貫串然後此心與道方渙洽暢
快若急於考古耴於問人聰明只自己出不知怎麼

叶做學者讀書能使人寡過不獨理明此心日與
道俱邪念自不浮而乘之聖賢千言萬語經史千
帙萬卷都是教人學好禁人為非若以先哲為依
歸前言為律令即一二語受用不盡若依舊作世上

人或更汙下即使將著頭以来書讀盡也只是箇没
學問底人天地所以循環萬古者只是四箇
字曰毋息有漸聖學六此縱使生知之聖敏則省之笑
雖此四字不浮以粗踈心看古人親切之語以煩踈心看

古人靜深之語以浮泛心看古人元細之語以淺揆心
看古人博洽之語字意未解便加品騭真
孟浪人也　吕新吾先生語書為
仰齋老賢姪雅屬　　槐園栗毓美

栗毓美一生博览群书、勤奋治学。此图为栗公手书的吕坤语四条屏。

视。清《浑源州续志》记载这件事时说:"弦诵声相闻。"足见学风盛行。

为了把教学落到实处,栗公又亲自定规条,编教材。栗公认为"为政首正童习",在选编教材上十分注重学子的品德教育和能力培养,"惟化民成俗是务,而不以为迂"。他在编刻吕坤全书时,专门从里面精心挑出四种,即《小儿语》《好人歌》《宗约歌》《闺戒》,合印成一书名为《吕书四种合刻》,颁发给新设义学,成为必修之课。

义学之名始于汉,当时主要为掾史子弟就学。到了明代称作社学,以教民间子弟。《明史》记载:"弘治十七年(1504年),令各府州县建立社学,选择民间幼童十五岁以下者送入读书。"

清代学校一般包括庙学、社学、书院。顺治九年题准每乡置社学一区。"康熙五十二年(1713年),令天下州县多立义学。雍正元年(1723年),凡现任官员生祠书院皆改为义学。"

嘉庆、道光年间,官府财政奇绌,大开捐例,影响较大的则是对教育的冲击,官学都存在经费困难的严重问题,有的甚至难以生存,而义学对官府来说更是无暇顾及了。

鉴于这种情况,栗公把振兴教育作为己任,自觉担当。他认为兴办义学,可使孩童时代就能用圣贤之道陶冶和净化心灵,"耳目薰习,知所向方",从而达到培养和广储人才的目的。他曾深有体会地说:"先生语录具在,譬之和扁在前,沈疴立起,读者欲不自奋勉,不可得已。"

从众多的史料中可以看出,栗公对教育的重视和关注已成为他一生的事业与追求。他不论走到哪里,官职高低,总是把教育放在首位。《原武县志》记载:"原,隘邑也,政多不举。公至,首振文教,凡有利弊,立兴除。"

道光十二年（1832年），栗公时任河南布政使，当时省城阴雨连月，不少民房倒塌。想到学校也同样遭受雨灾，形成危房，为保证学子的学习，他又捐资在省城设立了四处义学。

　　栗公的家乡浑源州，地处北岳恒山脚下。金代时在州南翠屏山上建有翠屏书院，人才辈出，有状元、诗人、史学家。到了明代，本籍人士孙聪在神溪山下建有凤山书院，本州人石阶又建设了石溪书院。清初，这些书院大都毁弃，名存实亡，教育状况低下。当时只有州内文庙设立的州学，因在庙内，亦称庙学。乾隆十九年（1754年），在州衙东面建了恒麓书院，到了乾隆四十四年（1779年），该书院移建到城东门外（原东关小学东侧，1937年日本入侵时被焚毁）。

　　栗公少时曾在恒麓书院读书，出仕后，他念念不忘家乡学校的建设，非常希望自己的家乡多出人才。令他失望的是"登春秋榜者寥如晨星焉"。他不无遗憾地说："所至都邑未尝不求实学、励人才，而独不获与乡人士共讲贯于书策琴瑟间，良足憾也。"

　　后来，他了解到浑源由于经费困难，恒麓书院几近停办，而乡邑学子仅在私塾中启蒙，他深为忧虑，说："而经费无措，士子家各为塾，塾各为教，不获群萃。"

　　于是，栗公为恒麓书院捐资　丁缗，作为诸生膏火经费。"并寓书州牧存诸案牍，收十一息以为久计"，从而解决了书院以后的经费问题。他又捐资在浑源设立义学一所，这所义学在浑源是唯一的一所义学，为许多贫家子弟提供了入学机会。

　　毫不夸张地说，当时浑源的教育是在栗公关怀下振兴的。

　　他在《增置恒麓书院经费记》中也曾自信地说："是僻壤穷乡犹易

为教，况吾邑拥山河之胜、承先哲之遗，其生长于斯者，又皆朴厚敦诚，具为学之资。磨硔而砥砺之，造就又何可量哉！”

直到栗公去世前不久，他仍对恒麓书院、河南彝山书院牵挂不舍，“经费尚未充裕，时以为念。”

栗公对教育的关注不仅认为是广储人才，而且考虑到教化功用，认为可提高人们的觉悟，维护国家安宁。

早在道光四年（1824年），他在担任汝宁府知府兼护南汝光道篆期间，觉得此处毗连光州地界，人们习俗剽悍，经常滋事。栗公认为，这全是教育缺失导致的，“小民非尽无良，率由平时化导未周”。于是大兴教育，“饬各属建置义学，俾穷乡僻壤咸知务学”。

道光十五年（1835年），栗公升任河东河道总督不久，当时河道治理责任重大，事务繁多。他虽全身心投入治河中，仍抓教育不辍。他在工作中发现，河兵大多贫且悍，尤喜斗。这样一个庞大的群体，兵丁子弟如果不加强教育，很可能违法滋事，扰乱社会。

基于这种想法，栗公认为加强兵丁子弟的教育“亦可变化气质，不至桀骜难驯”。便在济宁州内设立义学五处，专门教兵丁子弟。这五所义学分别在州内东南隅五龙宫，东北隅元帝庙，西北隅关帝庙，其他两处一在大悲庵，一在邵家街。栗公为这五所义学分别命名为：敦仁、兴义、观礼、明智、履信，完全体现的是儒家的核心思想——仁、义、礼、智、信。他还为五所义学每处修脯制钱三十千，又节金七千五百经费发典生息，由州移解中营副将转发。同时，他还为其“捐俸钱二千二百贯发典生息，以备修脯膏火之需，有不足复分俸以济之”。两年后，栗公发现义学所在地五龙宫有损坏之处，又捐款修葺。

这五所义学在当时影响很大。据清《济宁直隶州志》记载：济宁自明朝时陆续建社学十九处，但都毁废。清初，康熙年间曾有人捐设三处。栗公设立的五处义学既起到了承上启下的作用，又倡导了学风。

栗公的教育理念收到了好的效果。对义学之中品学兼优的学子送入济宁州任城书院和渔山书院深造，参加考试，为国家培养和储备人才。同时，"令齐民广沾风教，虽未能尽化樗栎为菁莪，而秀颖之流往往间作，亦尝著有成效焉"。

由于栗公对学校的重视和贡献，在他去世后，人们在济宁"学校报功祠"为其立牌位，专门供奉。

兴教助学　以文化人

儒家思想是中华文化的根基，对中华文明传承与发展所起的作用是无与伦比的。作为中华文化正统的儒家思想，在汉之后，经过历代统治者的尊崇与传承，已深深融入了民族的血脉之中，塑造了我们的民族精神和民族性格，奠定了中华民族的文化心理结构。

在漫长的历史长河中，中华民族延绵不绝，历久弥新，正是这种伟大的文化传统所铸造的。尽管其他民族曾以武力征服过大汉民族，但不论多么强大的力量都无法征服这种文化，最终又被融化在这种文化的大熔炉里，成为中华民族的一员。

栗毓美是儒家思想的守护者和传播者。他把儒家倡导的修身、齐家、治国、平天下的积极入世思想；忠君爱国、以德治国的仁政思想；以人为本、为民服务的民本思想；精忠报国、子孝父慈、兄友弟恭的伦理观念；天人合一，尽人事、听天命（主观努力和客观相符）的和谐意识等，看作是立国之本、立身之本。

他在一生中，无论做人、做事或身心性命，家国天下，均以儒家思想为准则，"揭孔孟为准的"。同时，他将孔孟之道视为正学，并始终如一、不遗余力地贯穿到他的教育思想中。在他编刻的《吕子遗书》序言里，曾两次引用孟子的话，比如：孟子曰："奋乎百世之上，百世之下闻者，莫不兴起也！"以阐明儒家思想对人们教育之重要。

为了倡导儒学正学，尊师重教，栗公对治内文庙等圣贤之地，不仅亲自参拜，而且捐资修葺。

道光十六年（1836年），栗公时任河东河道总督，他在山东勘察河情时，路过邹县（现山东邹城市），专门前往孟子庙拜谒。他看得很仔细，在崇教门处发现一块新碑，便详细了解有关情况。经询问，得知此处为孟母三迁旧迹，断机处即在这里。

然而，由于山水浸啮，断机堂等多处亭台坍圮。"见若亭台顷圮，为之怃然"。栗公看到眼里，心中十分痛惜。孟母这样一位伟大的母亲，三徙成教，断机激子，培养造就了一位伟大的圣人。如今供人们景仰、激励后人的庙宇如此残败，他心里很不平静。但他并没有停留在惋惜和悲哀之中，而是决定重新修复。

栗公回到济宁总督河院署后，将孟子的第七十代孙孟雨山（广均）博士请到济宁，商议兴复三迁祠事宜。他捐廉银二千两作为修葺经费，并责成孟雨山负责孟庙修建工程。

孟雨山为翰林院五经博士，多年来，孟庙的修葺问题一直困扰着他，如今，栗公亲自抓修葺工作，令他如释重负，喜不自胜。后来，他在《亚圣孟子庙捐修纪德碑》中写道："先亚圣祖庙……洎今道光十五年乙未岁（1835年），逾二纪，倾颓杌陧之处日以寖多。而断机堂前因利渠，为山水所啮，几就坍圮。广均日夜忧惧，绵力难图，不知所为。越岁丙申（1836年），河东总督栗恭勤公视河过邹，历览一周，慨捐廉银二千两修断机堂。广均乃得选择要工急施补苴。"

经过整修，"碑、三迁坊仍还旧貌，增修石岸二十余丈。门殿墙垣、暴书亭台、洗砚池并焕然一新"，"并建坊于道旁"。

清人汪喜孙在评价这件事说："世如有佛，顾亦如贪官污吏之可以货取哉？传谓移孝作忠，又谓求忠臣必于孝子之门。世之显扬其亲者，当以恭勤公行事为天下之大经大法也。"

栗公一生主要工作和生活在嘉庆、道光两朝，正逢内忧外患。国外，英帝国主义凭借武力，向中国大量输入鸦片，以获取大量白银。而在国内，一方面由于吏治腐败，社会道德滑坡，一味追逐金钱，尤其河政腐败更甚，导致河道失修，水灾频仍，大批百姓流离失所；另一方面由于西方传教士的影响，出现信仰危机，人们思想混乱，民间教会门十分盛行，并由此爆发多次农民起义。

嘉庆四年（1799年）二月七日，白莲教和苗民大起义。嘉庆十八年（1813年），天理教暴动，并一度攻入皇宫，直接撼动了清廷的统治。嘉庆皇帝不得不承认道德沦丧是造成这些问题的根源，他在一首诗中这样写道：

群凶扰齐豫，隐匿伏萧墙。

德薄致灾重，椎心吁上苍。

面对这种情况，栗公深知，问题的症结是由于教育的缺失，人们"全不以诗书礼乐收束身心"。于是，他提出了"崇正学、端士习"的教育理念。

山东济宁渔山书院（现为济宁市北门里中心小学），原系一考棚，道光十年（1830年），知州王镇改建为书院。但经费短缺成为该书院生存的大问题，致使书院名存实亡。栗公上任河督后，对该书院十分重视，"五年于书院学校尤三致意焉"。他专门召集时任济宁知州徐宗干商议解决办法。书院现存石碑记载，道光己亥年（1839年）冬，河帅命令划拨道库两千两银子，并从道光二十年（1840年）开始按十一取息，这样，书院师长的生活费还有节余，但寒门子弟的学习费用仍然入不敷出。栗公了解这一情况后，又捐资两千两银子作为经费。为了从根本上解决问题，他与玉露庵僧人达典、常清观道士张永智等商议，分给僧庵地二百亩，分给道观地八百亩，并立下约定，暂交给僧人道士耕种，每年缴纳五百贯用于书院的费用。经过栗公多方的努力，终于从根本上解决了学校的经费问题。

经费解决后，栗公与徐宗干商议，重定训课规条，黜浮崇实，以"崇正学，端士习"为准则。州志说："以游间无益之虚縻，作培养人才之实用，庶几经正民兴。仰附圣天子作人之雅化，而无负河帅各宪为国储贤之至意。"在这种教育理念指导下，该书院学子树立了良好的品德，并为国家培养了大量有用之材。据载，次年即有九人入魁。

如今，济宁北门里中心小学仍然把"渔山书院"作为校本课程。校长张庆荣自豪地对我们说："学校自编的校本课程以'崇正学、端士习'为修身教育理念，这是学校引以为豪的巨大精神财富。学生不仅了解到学校悠久的历史，更感受到学校历史文化中的精神力量，传承学校独具特色的办学理念，以此涵养品格，激励北门学子的自豪感和奋发学习的责任感、使命感。"

栗毓美曾坦言："余宦迹所至，亦颇乐于课士，任开封时建彝山书院，并重葺游梁、淳正两书院，为士子肄业之地。刊吕子遗书，以示诸生。"

河南贡院，清初建在明周王府旧址，雍正九年（1731年），迁至今河南大学所在地。道光六年（1826年），栗公时任开封府知府。他去贡院视察时发现，尽管作为一省贡院地基宽阔，但规模很小，号舍也严重不足。每到乡试时往往添盖席号，士子不仅遭受风雨之苦，一旦失火后果更是不堪设想。

对此，栗公将其列入重要议事日程，首先自己捐款，经禀请后通行各府、州、县一起劝捐重修。在资金落实的基础上，他亲自筹划整个贡院的建设规模和施工，一方面将原有旧号加宽，另一方面修建新号舍。在他的督办下，经过三年的建设，贡院重修工程竣工，共重修和新建号舍一万两千余间。

据有关资料记载，豫省贡院由于规模宏制，在光绪二十六年（1900年），八国联军侵占北京后，有两次全国联考改在河南贡院举行，对全国影响很大。

道光七年（1827年），栗公了解到开封府内大梁书院容量有限，很多孩子没有读书地方。他心里十分焦急，为了解决这一问题，决定在大纸坊街重新建设一座书院，定名为彝山书院，并捐置膏火补助生童入院读书。他给彝山书院亲笔题写了一副对联，以激励学子：

> 笃行在明伦列弟子之班，愿吾图敦崇实学；
> 读书期致用为庙堂之器，从此地立定根基。

彝山书院后成为河南五大书院之一，其影响泽被后人。到了光绪三十年（1904年），在此设立了开封府中学堂，是开封当时唯一的一所公立中学。民国期间为河南省立二中，成为全国八大名校之一，有北京大学预备班之美誉。如今为开封市第五中学，是开封市首批示范性高中。据该校谢中海介绍，为了纪念栗毓美建校的功绩，教育学生自强不息，爱国荣校，学校专门建了一个展厅，里面有介绍栗毓美创建彝山书院的情况。谢中海自豪地说，栗公是我们学校的先驱，在栗公精神的影响下，这里曾培养出许多国家栋梁之材，有著名的教授、专家、学者、中科院院士和现今党政领导，许多学子都以母校为荣。

栗公无论走到哪里，都十分关注教育。道光十一年（1831年），他任湖北按察使时，发现贡院地势低洼潮湿，一遇阴雨天，就成了泥沼，士子多因潮湿而生病。于是捐银倡议重修，当地士绅闻讯欢欣鼓舞，共襄盛举。栗公亲督此事，将低洼之房建在高处，狭窄的房屋加宽，经过数月施工，解决了这一老大难问题。当他得知家乡山西大同府云中书院面临经费困难，便捐资三百金予以资助，作为学生膏火费用。

从栗公一生捐款情况来看，大致有三个方面：一是有关民生的，二是有关黄河的，三是有关教育的。他对佛教寺院和道教宫观基本没有捐款。在他生活、工作的地方，五岳之中有三岳（泰山、嵩山、恒山），著名的佛教寺院有悬空寺、少林寺、云冈石窟等，均未发现他有捐款的记载。山东汶上县，境内河流属淮河流域京杭运河水系，栗毓美治河时经常到该县，曾捐购碎石加高位于该县的戴村坝。但在该县有号称"中国佛苑"、始建于唐代的著名寺院宝相寺，并没有看到他捐款的记录，甚至也很少发现他去这些寺院拜谒。这从另一个侧面反映了栗毓美对佛道两家的态度：既不反对，也不支持。同时，也说明儒家思想是他唯一的信仰。

有史料可查的有：在光州任知州时，他捐廉修光州文庙。在担任开封府知府时，发现祥符县二程子祠年久失修，祀事久废，便捐金重建。还捐资修孟子祠、山陕会馆（内供关帝）、获嘉县文庙、汝宁文庙、家乡浑源的关帝庙、山东嘉祥县文庙、东平州冉子祠、邹县孟庙、济宁州城垣文庙、大成殿、文昌祠等。

在栗公捐款修葺的庙宇中，有两座为关帝庙。在清时崇拜关帝成风，顺治元年（1644年）封关帝为"忠义神武关圣大帝"。在他的身上，体现了儒家倡导的忠义思想，尤其夜读春秋，更为儒家所称道。

开封山陕会馆建于清乾隆年间，当时正值崇拜关羽的社会氛围中，关帝庙便作为了主体建筑。

院内中轴线上有座牌楼十分耀眼，它是为歌颂关羽的情操和品德而建的，上有"大义参天""流芳千古"匾额。牌楼建筑十分独特，三间、六柱、五楼。其平面布局为三柱一组，三角鼎立，呈鸡爪形，故俗称"鸡爪牌坊"。这座牌楼无论从力学还是美学上，都具有很高的科学和艺术价值，为河南现存清代牌楼中的珍品。

牌楼始建于道光五年（1825年），在道光十八年（1838年），栗公听说该牌楼已有损坏，当即捐银二百两修缮。牌楼西侧有一石碑，碑顶方额竖书"永垂奕禩"，周雕盘龙。石碑碑文记载："兵部侍郎兼都察院右副都御史总督河南山东河道提督军务加十级记录二十次栗毓美捐银二百两。"

现在山陕会馆已更名山陕甘会馆（因早期由山西和陕西商人联合建立，光绪年间，又有甘肃商人加盟），会馆位于开封市中部徐府街路北105号，被誉为"中原文物之宝库"。

为了传播儒家思想，栗毓美还经常深入田间地头，向百姓宣传儒家理念。史书称："尝亲巡田间，问民疾苦，课其树蓄，教以孝悌，民多化之。"

同时，栗公十分注重树立正面典型。他在任河南布政使时上奏朝廷，题请旌表者达一万三千一百余人。

任护理河南巡抚时，先后多次上奏旌表。如渑池县周卢氏等三十一口予以旌表。采访温县贞节妇女张李氏等二百六十一口，鲁山县谷陈氏等二百六十五口，太康县吴柳氏等五口上奏旌表，并建总坊。项城县邝郭氏等二百十三口，封邱县边张氏等七十三口，上奏请建总坊旌表。并对有德行的官吏上奏入祀乡贤祠。

就在他上任河东河道总督前，仍上报兰仪、睢二州卞陈氏等一百四十口，请建总坊旌表。采访许、唐、泌阳、兰仪等县贞节妇女慕氏等五百三十一口，请各建总坊旌表。

传承经典　泽被后世

栗公一生不仅注重学习，博览群书，而且注重对传统文化的保护和传播。

栗公对明代先儒吕坤（号新吾）的著述十分喜爱，认为是"有体有用之学"。"凡所讲明而切究，皆古人经验之良剂，内之可以医身心性命痿痹不仁之病，外之可以医家国天下倒悬大瘟之病。"并从此成为吕坤的铁杆粉丝，影响了他的一生。

吕坤（1536—1618），字叔简，号新吾，晚号抱独居士，河南宁陵人。万历二年（1574年）殿试中进士，曾任大同知县、山东省右参政、山西按察使、陕西右布政使、山西巡抚、都察院右佥都御史、刑部左右侍郎等。他是明代著名的思想家和文学家，在中国思想文化史上具有一定的历史地位和影响。明《神宗实录》记载："明新正学，天日精忠，著作唤醒群蒙，典型光昭先觉。"

吕坤的思想对后世影响很大，其所著《呻吟语》，以语录体谈哲理，抨时弊，论修养，探人生，是中国传统思想文化宝库中的一枝奇葩。近年来，吕坤思想不仅在国内有重大影响，而且在日本、美国、韩国等都有很高的学术地位。

嘉庆二十一年（1816年），栗公任宁陵知县，上任伊始，便到吕公祠参拜，并作诗言志。他还将吕坤《呻吟语》里的一段话"大其心，容天下之物；虚其心，受天下之善；平其心，论天下之事；潜其心，观天下之理；定其心，应天下之变"抄录下来，作为座右铭陶冶自己。他发现遗书版片由于年久水浸，内容已模糊不清，难以辨认，"浯经水患，潮蒸板腐，久滞印行"。他觉得如此济世之作，不可淹没，于是捐资修补，这是栗毓美对吕坤著作原始版本的首次修补。

据吕坤第十五世嗣孙、华夏吕氏文化研究会副会长吕益中讲："栗公到宁陵任县官后，不仅到吕氏祠堂参拜，还到吕坤墓祭拜。由于他特别尊崇吕坤，与吕坤是隔代知音，我的先祖便将吕坤写的书赠送栗大王看，栗大王特别高兴。后来他还重印了吕坤著作。我们现在整理出版的《宁陵吕氏家谱》中也有论述。"

吕坤于万历二十一年（1593 年）刊印的《呻吟语》，是他积三十年心血写作而成的一部哲理著作。栗公接触到几个不同的版本，发现存在不少问题，不利于传播。"先生遗书浩繁，刻非一时，编非一手，其中讹舛不一而足，亟宜重勒一书，用垂久远。"于是萌发了将吕坤著作统一编纂、校对、重新刊发的念头。

道光六年（1826 年），也就是栗公任开封知府的第二年，也正好受河南巡抚程祖洛的委托，主持编校刻印一套较完整的版本，供人们学习。

这是一项十分艰巨浩大的文化工程。比如，吕坤于嘉靖四十一年（1562 年）曾赴礼部试而未中，第二年便开始写作《呻吟语》，直到万历二十一年（1593 年）才出版。其间有手稿传出，形成节抄本，加之晚年吕坤又出了增删定本《呻吟语摘》。后来，清康熙、乾隆、嘉庆年间均有节录本刻印。这些版本繁多而复杂，存在不少问题，一方面"旧刻文集编摩失当，其集外丛刻，散而无纪者，宜依类补列。"另一栗毓美主持编纂、校订、出版吕坤著作，是当时的一大文化盛事。此图为《吕坤全集》对栗毓美校刻本的高度评价。

方面，"体例乱纷，字画讹俗，皆当亟为校正。"

鉴于上述情况，栗公以严谨的学者态度，对大量纷繁的著述和不同的刻本进行考证、修订。

《呻吟语》一书，栗公当时至少收集到以下几个版本。即：保存于吕公祠的万历二十一年（1593年）的吕坤自定本，清康熙二十六年（1687年）陆清献刻于正定的版本（目前发现是最早的重刻本），清乾隆元年（1736年）陈文恭刻于云南的刻本（节录本），乾隆五十九年（1794年）吕坤二十三代裔孙吕燕昭金陵刻本，还有长安蒋时南重刻本，陈笠帆节钞本，鄂敬亭关中本。

栗公以吕坤自定本为底本，通过与其他不同版本比照、核对，发现陆正定本《呻吟语》多出六十九条（很可能是吕坤晚年增删的《呻吟语摘》部分或手抄本部分），他认为陆本是依照传抄的稿本录入而成，便把这部分内容依类续于原书之后，以还旧貌。

还有《实政录》是吕坤门人赵文炳集而刻之的。栗公在校订中发现有六大弊端，逐一订正。"书既以《实政》名，而止标于序，全书仍各自为名，宜订正者一；告谕之文，或称为引，或阑入正文，体裁丛脞，宜订正者二；各类附载之语，不为别白，阅者茫然，宜订正者三；各条目未归画一，跳行今当连写，宜订正者四；《乡甲约》本自无多，一卷之中，又离为六卷，琐碎畸零，宜订正者五；鲁鱼亥豕，盈贯成行，宜订正者六。"

经过近一年的辛勤劳动，道光七年（1827 年），栗毓美主持编纂校订的吕坤著作《去伪斋文集》《呻吟语》《实政录》，共二十三卷全部完成，定名《吕子遗书》，刻印出版。该刻本在上述三本的基础上，又补录了《修城书》《救命书》《河工书》《天日语》《疾苦条陈》《省心纪》《千古留题》等七种。后又将《宗约歌》《小儿语》《好人歌》《闺戒》四种定名《吕书四种合刻》一书出版。

此书可以说在当时是吕坤著作集大成者，因而成为当时的文化盛事，不仅为传播吕坤的思想发挥了重要作用。同时，也为后人留下了极珍贵的文化遗产。

当时已年近八旬的刘大观看到栗公编校的吕新吾著作后，展读之余，给予极高评价。他在《覆栗朴园太守书》中写道："阁下以新吾著述，洊经水患捐俸修补之。今又重梓行于世，可谓至诚出于肺膈矣！而宁陵绅士李铭恩等吁控抚辕，乞以新吾配飨圣庙，大中丞程梓庭先生即允具题，成千古之盛事，未尝非阁下赞成之力也。"并对重印本评价道："今刊本字大，纸鲜明，易于吟讽，一展卷一快意，若病肝郁者，服逍遥散也。"

第三节　创砖工　保安澜

黄河，中华民族的摇篮。它既孕育和塑造了华夏五千年文明，同时它也给我们带来很大的忧患。由于黄河的洪水挟带大量的泥沙，进入下游平原地区后迅速沉积。人们筑堤防洪使行洪河道不断淤积抬高，以致黄河成为高出两岸的"地上河"，在一定条件下就决溢泛滥，改走新道。

据《禹贡锥指》记载："周定王五年，河徙自宿胥口（在今河南浚县）。"一般认为，这是黄河有文字记载的第一次大改道。

从那时起，一直到1938年国民党扒花园口（河南郑县），两千五百四十年间，黄河共计溃决了一千五百九十次，大改道二十六次。平均三年就有两次决口，一百年就有一次大改道。

黄河按地理位置及河流特征，一般划分为上、中、下游。河源至内蒙古托克托县河口镇为上游；河口镇至河南郑州桃花峪为中游；桃花峪至入海口为下游。

河南、山东地处中下游，在历史上是黄河决溢改道频繁、灾害深重的地方。黄河决口一千五百余次，三分之二发生在河南，二十六次改道有二十次也在河南，因而，河南是黄河治理的重点。

我国治理黄河历史悠久，大约在公元前21世纪黄河流域就有大禹"凿龙门""开砥柱""疏九河"的传说。到了商、周时代，河患已有记述。据《竹书纪年》记载："商侯冥治河。"冥是夏代契以后的六代孙，因治河而死于河。此后，从秦汉到明清，中国两千多年的封建社会中，治河已成为历代帝王的大事。据《史记·河渠书》记载，汉武帝元封二年（公元前109年），黄河有一次决口，汉武帝发卒数万人，亲到河上督工，并令群臣从官自将军以下背着薪材填堵决口。清代雄才大略的康熙皇帝曾坦诚地说："朕听政后以三藩、河务、漕运为三大事。"他还多次巡河。

到清代，由于历史较长，政权较稳定，对治河相当重视。河督位高权重，治河机构完备，对治河投入大量的人力、物力和财力。但由于此时黄河已与淮河、大运河交织在一起，治河还面临必须保证漕运畅通的问题，因而，难度更大。同时，治理黄河的河督也是高危职官，朝廷对治河不力者往往给予严厉惩处。嘉庆年间有三位河督因治河不力，堤坝决口而被革职"枷号河干"示众，后充军乌鲁木齐。道光年间，栗毓美去世后，他身后也有文冲等三位河督被革职"枷号河干，以示惩儆"后充军新疆伊犁。

栗毓美于道光十五年（1835年）任河东河道总督，应该说，他是在朝廷的重用和压力下任职的。但他在其位谋其政，一心扑在治河上，注重调查研究，总结分析历代治河的经验，吸取失败的教训，提出自己的治河方略以及长远规划。尤其他创造的抛砖筑坝法，开创了治河的新路子，使黄河得到了有效的治理。这一技术革新是我国治理黄河的一个里程碑，对我国水利事业做出了杰出贡献。这一革新技术一方面以稳定和坚固著称，同时在抢险中能够高效快捷地堵决溢口；另一方面铲除了埽工多年来的积弊和巨额浪费，这项工程施行后，每年可为国家节省资金三十多万银两。五年来，共计节省一百五十余万银两。史书上说："在任五年，河不为患。"栗毓美既是清代河臣之冠，也是我国历史上一位卓越的治河专家。

久历河干　尽心职守

道光十五年（1835年）四月，栗毓美奉旨署理河东河道总督。五月，奉命补授。

这一重任对栗毓美来说，既是他政治生涯的巅峰，同时也深感压力巨大。无疑这是道光皇帝对他的知遇之恩，栗公刚任河督时，道光帝谕内阁称："麟庆、栗毓美均系朕特加擢用之人。"栗公曾在道光十四年（1834年）正月与八月先后两次任护理河南巡抚，政绩显著，但朝廷并未任用他为巡抚，而是将治河的重任交给他，足见皇帝对他的器重和寄予的厚望。《清宣宗实录》记载："新授河东河道总督栗毓美奏谢升授恩。得旨：'诸凡实力为之，河工积习若能一丝不染，方为不负委任。勉益加勉。'"《栗恭勤公年谱》也记载有："奉朱批：'实心实力为之，朕有厚望于汝焉。勉益加勉，钦此。'"

道光皇帝的信任和期望使栗毓美深感受恩深重，同时也感到压力很大。在他的家书中曾多次提到"受恩愈重，报称愈难"，"兄河壩供职，深愧滥竽"。这种外因成为他尽职尽责、拼命工作的主要动力。因为在嘉庆皇帝当政时，尽管他工作勤勉，政绩突出，但并没有得到重用，以至漫漫二十年间，一直在知县位置上徘徊。而道光帝在用人治略上，号召大吏密奏举荐人才，从而使栗公有了展示自己才能和抱负的机遇。可以说，道光帝在这方面还是知人善任的，他成就了一位治河英雄。

当然，真正的内因则是栗毓美的优良品质。我们知道，无论干什么事，尽心尽力与得过且过是有天壤之别的。这里不光是能力问题，更重要的是一种高度的责任感和使命感以及苦干实干的作风。从历史和现实中我们常常看到，一个部门，乃至一个单位，让具有优良品质的人去干，便大有起色，蒸蒸日上。而让不良之辈去干，便得过且过，毫无建树，甚至还要坏事。栗毓美是具有高度责任感、使命感和优良作风的能臣，这种优良品质伴随了他一生的政治生涯，也是他成功的重要基础。

毛泽东说过，外因是变化的条件，内因是变化的依据。一个鸡蛋，有一定的温度可以孵出小鸡；一块石头，再加温也还是一块石头。很显然，外因和内因相辅相成，缺一不可。再好的演员，也必须有展示的舞台。如今，道光皇帝为他提供了这一平台，他也就可以大展才华了。严格地说，当初，栗毓美并非治河的行家里手，但他干一行爱一行钻一行，这种精神成就了他日后成为一位出色的治河专家。

栗公早期曾对治黄有过挑战。道光元年（1821年）奏补武陟县，发现沁堤单薄，先修了子堰。第二年（1822年），禀请借帑将沁堤大加修筑，经大力争取，奏准才得以兴修。道光十二年（1832年），栗毓美任河南布政使，治河才略初露锋芒。据《黄河大事记》记载："八月十八日，祥符下汛三十二堡风浪涌过坝顶，人力难施，登时堤陷。'水由堤顶下注，计宽六十丈'。经河南藩司栗毓美驻工督办，九月五日堵住决口，未酿成巨灾。"

这两次治河虽在其他任上，但对栗毓美来说刻骨铭心，他深知黄河泛滥的危害与治河的艰难。对古时的国人来说，哪里的洪水也没有黄河发大水可怕。那可真是"千村薜荔人遗矢，万户萧疏鬼唱歌"。清人赵然的一首《河决叹》诗中写道：

> 神河之水不可测，一夜无端高七尺。
> 奔涛骇浪势若山，长堤顷刻纷纷决。
> 堤里地形如釜底，一夜奔腾数百里。
> 男呼女号声动天，霎时尽葬洪涛里。
> 亦有攀援上高屋，屋圮依然饱鱼腹。
> 亦有奔向堤上去，骨肉招寻不知处。
> 苟延残喘不得死，四面茫茫皆是水。
> 积尸如山顺流下，孰是爷娘孰妻子。
> 仰天一恸气欲绝，伤心况复饥寒逼。
> 兼旬望的赈饥船，堤上已成几堆骨。

而武陟人邢伊曾作过一首《沁堤·望南乡水灾》诗更是极形象地描绘了一幅人间惨景。

> 凉坡直接楚江秋，望尽长空一塔浮。
> 日暮西风拥浪黑，数点渔火是怀州。

这是黄河泛滥带给人民灾难的真实写照。

栗毓美曾在武陟县任过知县，这一情景耳闻目睹。如今，皇上将治河的重任委托于他，这副担子沉甸甸的。但他既没有陶醉在总督位高权重的喜悦之中，也没有被困难和险境所吓倒。他踌躇满志，决心把黄河治理好，上不负皇帝的知遇之恩，下不负百姓的期望。

任河督后，栗公认为，河工修守首重机宜，审度机宜，全在平素留心勘查。有鉴于此，他首先深入黄河第一线进行调查研究，实地留心察看。史料记载，作为总督，他竟乘小舟冒着生命危险，沿着河道一路观察。

通过实地考察，他发现过去黄河治理存在两大问题，而这些问题又是黄河决堤的致命症结。其一，黄河下游河道两岸均有不少滩地，尤其河南河段，河宽滩广，每遇伏秋大汛，洪水漫滩，将滩面冲成许多串沟，首尾与大河相通，往往分溜成河，冲刷大堤，造成决口之患。当时栗毓美在调研中发现，原武之处由于串沟问题，滩唇刷塌三百余丈，而北岸串沟竟长二百余里。其二，由于串沟形成支河，于是以前远堤十余里之河，变为近堤之河，而这些地方均无工防备，并不储存秸料和石料。因而无工之处常变为至险之处，人们又往往忽视这一问题，并不知觉，导致溃堤成为大患。据史料记载，这种无工之处约有数百里。

如此严重的问题对栗毓美而言不能不说是一个严峻的考验。他认真分析了以往治河的成败经验、教训，认为串沟是河道最危险的隐患，"治河者称暗险难防"。他还非常注重虚心向下属及河工请教，不耻下问，认为："河营武官多系防汛兵丁出身，兵丁等久历河干，历年河势如何迁徙，并各河臣、道厅办理之善与不善，皆所目击。为河臣者，但肯逐处虚心咨访，汇全局于胸中，再参以近日情势，斟酌办理，以身先之，自可集思广益，不至遗误公事。"

经过深入调查研究和虚心请教学习，他很快进入角色，做到胸中有数，并提出治标与治本相结合的治河方案，既着眼于眼前，也兼顾长远。首先集中力量整治串沟；第二步在无工之处储存物料，以防决口；第三步加固堤坝，加强维护，同时借水刷沙，降低河床。

无疑，这一方案是十分正确的，也非常符合当时的实际情况，但实施这一方案并非易事。一方面整治串沟需要大量的人力和物力，以当时河督统辖的绿营河标兵（约三千人）远远不够；另一方面在无工之处备料也存在诸多问题。当时工料主要是秸料和石料，秸料长久堆积易腐烂，石料距离较远运输困难，费用又高。而加固堤坝更非易事，有的河段由于河床提升，形成地上河，连土都缺乏，加固提高堤坝简直是纸上谈兵。

栗公清醒地认识到这些问题与困难的严重性，如不尽快想出新的办法，治河便无从谈起。他有胆有识，审时度势，尤注重人的因素，常在关键时刻做出正确的决策。

道光十二年（1832年），祥符下汛三十二堡堤身塌陷冲开决口六十丈，情势险要，危在顷刻。而当时此地并未储备料物，专门治河的大小官员惊慌失措，毫无办法，只是一味地想着从黑岗口转运料垛以堵决口。

栗公面对如此重大险情，不慌不忙，冷静分析，认为黑岗口相距过远，又多积潦，转运困难，缓不济急。他从实际出发，提出一个大胆的设想，在上游十二堡湾堤先筑柳坝，以消弱水势。

这一想法遭到众人的反对，认为无济于事，徒令靡费。

栗公说："凡事宜先尽人力，譬如人有危疾应用参薯，须由远处购求，将先投他药以救之乎？抑坐以待之乎？现在工险异常，柳坝如能抢护平稳，可省数百万帑金，可救数十万生灵。倘不能抵护，竟成口岸，则所费更巨，亦何惜此数千金？先存一无法可施之心，待不能应手之秸料以听溃败耶！"

在说服众人的基础上，他当机立断，先赶紧筑起柳坝七十余丈，沟水立即断流，但又出现了分流的河水。栗毓美亲到口门，派人购买大柳倒垂填在沟槽，决口终于得以堵合，一场灾难化险为夷，而此时从黑岗口转运的物料仍未到达。

此番他执掌治河帅印，可以按照自己的治河方略根治黄河了。他采取以工代赈的办法，集中了大量贫民投入治河工程，既解决了人力问题，又解决了贫民的生计问题。

道光十五年秋，北岸原武、阳武（今河南原阳县境）两汛分溜，刷成支河，沿堤上下四十余里处处吃紧，险情严重。对于上任仅仅三四个月的栗毓美来说，无疑是一场严峻的考验。他面对险情，沉着冷静，亲到工地指挥抢险。当时，最危险的地段是月石坝和原武七堡，特别是原武七堡小张庄新刷沟槽分溜很大。而治河工员对串沟引起的危害并未引起高度重视，认为两厅旧有串沟已经多年，并不危险，还说："沟口出水甚利，河分为二，亦可稍分水势者。"

栗公指出："借水刷沙，正河原喜畅利。遇有串沟，应筑土格跨压沟形，预防分溜。若沟口出水过利，必至引溜成为支河，危险将不可问。况串水现已直射堤根，滩地沟槽与大河通气，较昔日情形迥不相同，防护岂容稍缓。至古人抽沟之法，虽因正河水大，可借以稍分溜势，为一时权宜之计。第溜势既缓，沙即停滞，河身必致淤高，贻患将来。"

他进而告诫工员说:"河工危险,果实系猝不及防,人力难施,致成漫口,负咎尚小。若危险之象已露,不知急行抢护,再遇大雨水长,酿成决口,则误国殃民之罪莫大于此。"

事实证明,栗公的分析判断和治河的思路是非常正确的。

此时,正值秋汛,南股正河分溜六分,北股分溜四分,已成支河。自原武十五堡至阳武十七堡共长四十余里,沁河滩水汇入原武,奔腾浩瀚,拍岸盈堤。而进水口已宽至三百余丈,危险一触即发。这一带堤防,原不靠河,平时未备工料,若用秸埽抢护,堤段太长,不可能全线镶修。如绕远圈筑,等于堵筑口岸,花费不可估量。更为栗毓美担心的是埽工涮深引溜,吸动全河。尤其当时一片汪洋,无土可取,许多河官望河兴叹,束手无策。

挑战与机遇并存。尽管险情严重,困难很大,但如何整治串沟在栗公心中已日臻成熟。当年在武陟县任知县挑挖城壕时,发现有年久淤塞的坍塌城砖,经泥沙漫灌,坚固不可斧凿。想起从前疏通贾鲁河时,见河底旧砖愈久愈坚固,就产生了"以砖代埽"这种坚固工程、节省费用的想法。道光十年(1830年),任开归陈许兵备道时,深知以秸镶埽容易腐烂,而且费用很高,自己捐资二千金交仪睢厅购砖,准备试行以砖代埽,后因升迁(奉命补授湖北按察使)未能试办抛成。

鉴于当时滩地民房被淹浸塌,房砖颇多。栗公急中生智,想起了以前准备用的以砖代埽之法,决计用砖抛坝,战胜险情。他的这一想法遭到不少人的怀疑和反对,但他力排众议,决定收买当地民砖,试抛砖坝抢护。为了稳妥起见,先于阳武十六堡试抛挡护,效果十分显著。抛到十数丈,水势也跟着外移十数丈,抛砖高出水面即成坝形,也露出了淤滩，避免了大水对河堤的冲刷，且有土可取。

实践出真知。栗公看到他试抛的砖坝有如此重大成果，心情十分激动。他当机立断，自阳武张庄至孙家堤三十多里的堤段，全部抛筑砖坝。经过四十个昼夜的抢修，共筑砖坝六十余道，从而水势外移，化险为夷。这些老砖坝，一直保留到中华人民共和国成立。

首战告捷后，栗公不顾疲劳，连续作战，又打响了根治"月石坝"的战役。

"月石坝"是阳武汛十七堡堤南的一条土坝，长八百丈，原为障蔽十九堡以下串沟之水，后民间因积水难消妨碍耕种，便挖断以减少积水，在残缺处，仿照涵洞之法搭建了一座桥。

可是，从道光十二年（1832年）到道光十四年（1834年）的三年间，桥洞竟拓宽至三十余丈。而王屋庄分出的一股水北流，在坝上游张庵又刷出深沟，宽一百五十丈，由此滔滔入河。桥洞距张庵过近，坝身两头塌陷之处水深一丈多。如果雨大河水再涨，张庵刷出的深沟下移，河水就全部从桥洞直注而下，那么自阳武十七堡到封邱、阳封之间的堤坝将无不出险，抢护不仅所需费用高，而且会导致其他大患。

栗公亲率河营兵奋战在第一线，"兜缆赶镶，跟浇后饯，堵合断流。"为了赶在大雨前完工，他又连续五昼夜没有休息，不仅将"月石坝"涵洞堵合，而且将坝身加高帮宽。

就在堵合"月石坝"完工的第二天，果然风雨大作，河水猛涨。张庵深沟已刷宽至四百二十丈，王屋庄进水沟口坍塌宽至三百六十丈，由王屋庄至张庵这条深沟的水流量占到整条黄河水量的十分之六七，水深一丈至一丈三四尺不等，比正河深一两倍。因"月石坝"涵洞已被堵合，阳封等汛的河堤前均已停止淤积，七十多个村庄得以安然无恙。林则徐在为栗毓美写的墓志铭中重点描述了此事，可见当时如不是栗毓美判断准确，及时堵合月石坝涵洞，后果将不堪设想。

从这件事可以看出，正确的决心来源于正确的判断，正确的判断来源于深入细致的调查研究。注重调查研究，不仅是工作方法问题，也是工作作风的表现。栗公正因为心中有责、心中有民，才能深钻研、细谋划、尽人事、亲力为，未雨绸缪。假如为官不为，得过且过，肯定会酿成大患。有些事，看似巧合，实则有其深层次的原因。为何有的河督被革职充军，而栗公治河五年，河不为患，其根源就在于此。

当整治串沟初见成效和及时处理隐患之后，栗公又对他的治河方略做进一步实施。一方面，奏请筹备料物，分储原阳两汛；另一方面，奏明北岸来年应办六成碎石，将下拨给原阳两汛采办石料的银子一万六千多两，用以储备碎石。

在此基础上，他将上任半年来的治河经验和教训认真做了一番总结，撰成《修守之法》和《抢办支河缘由》，并上奏道光皇帝。

道光皇帝阅后，十分高兴地说："所奏均系实在情形，毫无欺饰，朕亦可洞悉原委，真不失读书人本色。因汝有守有为，故擢用为河督。务当认真整顿，力挽颓风，以期固工节用。俾朕有知人善任之明，方为君臣一德。"

对于皇帝的高度评价与信任，栗公并没有自我陶醉，得意忘形，而是戒骄戒躁，更加勤奋地工作。他因地制宜，开始对治河进行一场新的技术革命。

抛砖筑坝 国计民生

在我国治河历史上，明代前期，黄河大部分时候是由河南多支分流夺淮入海，少部分时候由河南东北流至山东寿张穿过大运河入海。隆庆、万历年间（1567年—1619年），黄河南北堤防全部完成。等到大臣万恭、潘季驯力主"筑堤束水、以水攻沙"的治河方略之时，黄河河道基本归于一流，由河南东流经徐州、清河等地会淮入海。

到了清代，黄河基本上仍沿明末的流路，由河南商丘东流，经徐州至清河会淮入海。由于治河官员多遵循明代"筑堤束水"方略，有决必堵，堵口修防耗费巨大。乾隆四十六年（1781年）七月，仪封河决，北岸水势全注青龙冈。经过两年的堵口，耗费大得惊人。魏源在《筹河篇》称："青龙冈之决，历时三载，用帑两千万（两）。"嘉庆年间，河工用款剧增。嘉庆二十三年（1818年）工部就河工用款奏称："自乾隆五十九年、六十等年起，至嘉庆八年、九年等年止，除嘉庆十年另案用银四百六十七万余两为数较多外，其余十数年内，用银最多年分不过三百十几万及二百九十一万两，其最少年份有八十一万及七十万两不等。""自嘉庆十一年加价起，至二十一年止，除去郭家房等处漫口大工银一千二百四十九万余两不计外，实在另案挑培建筑各工用银至四千八百九十七万余两。"

嘉庆二十四年（1819年），武陟汛马营坝发生决口，堵合共用秸料万余垛，耗帑银高达一千二百万两。

面对如此惊人的治河费用，如何既保证治河需要又能降低费用一直困扰着清廷王朝。栗公忧国忧民，自从主政治河后，便一直思考创新治河方略。他觉得如果按照传统的治河办法，用秸料和石头，费用不仅居高不下，而且"有决必堵"的怪圈永远难以冲破。

自整治串沟从民间购砖试抛成功后，他似乎发现了新的曙光。但他对用砖治河仍持谨慎态度，还需继续探索和实践。严格地说，栗公起初用砖只是试验，也是应急。他自己曾坦言："以砖代石，实出万不得已。"关键是他事后善于总结经验，才创新性地提出并推广了抛砖筑坝法。

道光十六年（1836 年）二月，也就是他上任第二年之初。原武汛至封邱汛河堤长、工程险，串沟交错，逼近堤根。当时，阳武三堡已形成支河，分为南北两股。北股水面宽一百二十余丈，深两丈多，并且距大堤仅六十余丈，情形十分危急。栗公仿照围堵建口岸之法，以南股为引河，先在原阳越过大堤抛筑挑水砖坝一道，长三十二丈，抬高水势二丈五尺。一方面在南股引出沟水，另一方面在北股对岸抛筑"人"字形迎水砖坝，等沟口收缩到五六丈时，由于水势过高，砖石不能稳定，镶埽随即走失。不但无堤堰可以定桩挂缆绳，而且强大的水流冲刷两面，已抛的砖石必然被巨浪吞没。事已至此，人们都认为无法可施，势必要造成决口。

栗公面对险情，冷静地分析情况，当即命人赶紧采办大柳树，拨出大船两只，倒排在沟口处，借用船舵作为木桩，上绕竹缆数匝，将大柳树挂在竹缆上以减水势。由于柳叶倒垂，容易挂住淤泥，水势得以控制。然后分几路跟进抛砖，浇土灌缝，险口很快堵合。他发现砖缝仍然有漏水处，便在上面圈筑柴堰坝，外用淤土浇堵缝隙，使得滴水不漏。不分昼夜干了二十多天，通过大力堵截，北股的部分水流仍归入南股，险情得以排除。为确保万一，栗毓美又在原武十六堡抛筑"人"字形砖土坝、替坝，下面到阳武头二堡之间河段抛筑砖坝、砖垛。经层层抵御，支河渐渐远离，距大堤已在一二里到七八里之外了。

通过这次抢险抛砖的实践，栗公对治河用砖有了更进一步的认识，也坚定了他"抛砖筑坝"的信心。于是，又在拦黄堰以及南岸的黑岗口进行了试验。

黄沁厅唐郭汛拦黄堰，因首先遭受出山之水的冲击，本来是由西向东的流向变成了南北流向，直射民堰，险要异常。原有一座挑水坝长八十余丈，被水冲塌，仅存约三十丈，已不能保护下游民堰，而坍塌部分在水中又不能用土接筑。

栗公发现此处历年已镶埽九十余段，工程既危险，又耗费巨资，再不能用镶埽的老办法去治理了。他随即决定用砖块进行抛筑，当时虽水深三丈五尺多，抛筑的砖坝仍屹立不移。于是又继续接筑续长挑水坝三十六丈，坝下很快停止淤积，与河滩相平，流向转为东南，逐渐平顺。在此基础上，又在七坝下游筑一道砖挑坝，并将已塌八坝的戗坝用砖照旧补建。另外，在空档之处筑砖坝三道，一道比一道高，使水流不能从两侧流出。

紧接着，栗公对黑岗口也试用了抛砖筑坝法。黑岗口位于杨桥与高庄两村之间，距开封二十五里，为当时河南省城保障，修防至关重要。历史上这里曾多次决口，到清雍正、嘉庆年间，黑岗口已多次发生险情，嘉庆十三年（1808年）曾临河筑了一道盖坝，长一百二十六丈，后又续了一百丈。但续接的坝体不断被冲塌，连续镶埽三次都无济于事。栗

栗毓美采用抛砖筑坝法，使河南开封黑岗口段的险情
得以控制，水势趋于平移。图为黑岗口古渡口今貌。

公以前抛砖筑坝大都为支河和串沟，而这次则是在黄河主河试行抛砖，因而十分审慎。他根据实际情况，将盖坝前的深塘抛砖予以填塞，以免愈淘愈深。又将坝头用砖包裹加以保护，接住盖坝又继续抛筑砖坝，这样，水势不至于呈裹卧状，工程达到了平稳目的，效用显著。据《开封市黄河志》记载："黑岗口上段，在清道光十六年（1836 年）筑有砖坝六道。"

栗公用砖治河取得成功后，他认真总结了经验。通过与以往治河方法和材料相比较，觉得用砖不至于像镶埽那样容易引溜生工，又比碎石采用方便，并且价格节省很多。认为这是治河的一条新路子，应该大力发展。

基于上述认识，他向道光帝上书请求推广，但遭到在朝的一些大臣以及河厅官员的反对，认为抛砖不如修埽，购砖不如购料。

《栗恭勤公年谱》有"檄饬道厅妥议"一语，说明当时道光皇帝对"抛砖筑坝"仍持怀疑态度。因而，大臣们反对与赞成的意见不一，并且反对派占了上风。

当时开归道张坦率先起来反对，首以八厅会议，禀复力言："抛砖不如镶埽，购砖不如积料。"言辞十分激烈。

他的这一观点引起不少人附和。于是，"浮议纷纭，难端百出。"不仅反对，有的甚至横加阻挠，恶意诽谤。

这些道、厅官员，大多在治河任上时间长、资历老、经验丰富，多年来他们一直沿用镶埽进行河工抢险。面对创新，有的是思想保守，担心用砖会贻误修防，"即干练工员亦不无疑惧"，属认识问题。也有的属于别有用心者，生怕用砖会伤害他们的既得利益。"盖料贩石工无由获利，为之腾谤于工次，而浸润于京师。"

这是栗公在用砖治河新法上与守旧势力的第一次交锋。

一个新生事物的出现，人们的认识往往有一个过程。栗公深知，抛砖筑坝"第事近于创，难免疑虑丛生"。如果不尽快打消人们的疑虑，提高人们对用砖治河的认识，势必影响道光帝的决策，稍有不慎就会导致抛砖筑坝这一利国利民的治河新法胎死腹中、前功尽弃。

问题的严重性令栗公发出"平河不难，平众议之口为难，其信然欤"的慨叹。

但栗公是个有主见、有作为的人，他决不轻言放弃，坚信真理必将战胜谬误。"自来治河无一劳永逸之策，不过随时补偏救弊。余之抛筑砖坝，不外补救之一法……窃以为事贵征诸古，尤当验于今。"

面对众多非议，他"不矜才，不使气"，出以公心，坚持原则，"不避嫌怨，不恤疑谤"，坚持自己的正确意见。他从实际出发，反复耐心地做说服工作，以期使抛砖筑坝治河新法收到长久之效，史书上说："公批牍近二千言，反复譬晓，务以实效。"

面对非议，栗公从思想上、行动上都做了充分的准备。他将人们提出的质疑做了一番归纳，认真地分析考证，潜心研究，并从实践和理论上都有针对性地详加阐释，与持不同意见者展开了一场大讨论。

针对有人认为"砖入土后，数年后亦变为土，不能耐久。"栗公辩道："砖性涩，与土胶粘，抛成之后，灌淤如同灌浆，渐至结成一块。"同时，他引用有识之士之论作为论据以反驳对方观点之荒谬。"入土弥坚，不见数百年前之古井与砖桥乎？不见现在掘出售卖之旧砖，非早年漫口淤入泥沙之砖墙乎？毫无损坏，即其明验。""现买民砖多有数十年前漫口淤入泥土者，皆完整如故。臣与滨河市民详加考证，异口同声。"

又如有人提出"用砖可以减埽，但要考虑到河势变迁"的问题。栗公通过总结历史上河厅的增多与埽段变化，证实这种说法是站不住脚的。"查各厅道光元年新旧埽工仅一千五十余段，至十五年增至二千二百四十余段。乾隆年间止十一厅，现已增至十五厅。河势未尝无变迁，断不至因减埽而遂变迁也。"

鉴于当时南河用石治河效果显著，道光帝曾谕东河仿效，以致出现大臣们认为用石比用砖好的情况。栗公为了证实用砖与用石相差无几，他一方面"绘砖工图说咨询南河，覆称饬据道将厅营核与南河办法相类";另一方面组织邀请南河的石工、弁兵来河南查看砖坝的效果，互证砖与石不过是用料的不同，但功用是相同的。

与此同时，栗公还注重寻求朝中有影响的大臣及好友的支持，借以扩大用砖治河新法的影响。

他曾以书信形式，将治河抛砖新法与翰林院编修、侍读彭邦畴进行商榷，得到支持、鼓励和宣传。栗公去世后，彭邦畴撰写神道碑文，在叙述这件事时曾说："余与公为同岁生，公之治河创抛砖法，曾以书来商榷者。再余引申其说，公以为知言是不可辞。"

时任河南巡抚桂良与栗公交谊甚好，栗公曾咨请一起会勘妥商。在与桂巡抚就用砖遭非议问题交换意见时，这位巡抚大人不仅全力支持治河新法，而且针对"浮议"公开表明自己的主张，斥责其言为："耳食臆说。"他说："天下事履之而后知。余谓局外之议，皆未身当其境者也。道路之口，皆耳食臆说，因讹传讹者也。"桂良是皇亲国戚，他的话影响力不言而喻。

栗公的好友梁恭辰曾在南河工作，又为人正直，敢于直言。其父梁章钜为两江总督，因而深知朝中舆论。当年（1836年）他由京赴任鄂西，道出开封，栗公专门从百里之外骑马来到旅店看望，并就用砖治河问题二人促膝相谈。

梁说："东河之砖工即南河之碎石工，南河有石可采，东河无石则以砖代之，有何不可。黎襄勤公初用碎石时，亦众口交攻，大半皆为料贩所使。"

他还给栗毓美讲了个故事说：有一天黎襄勤公早起于船头，见一对联云：

秦始皇抽梁换柱

黎世序碎石填河

襄勤公一笑置之，而浮议也很快平息。

随后，梁恭辰鼓励栗公道："此余所目击之事，今襄勤公已去十余年，碎石并无流弊，则东河傲而行之，正所谓前事之师。君但坚忍持之，勿为謷说所动，利口所摇可耳。"

栗公听后十分感动，深情地说："余志已定，君之贶我实多。"

后来，栗公去世后，梁恭辰曾写了一篇回忆录，忆及此事时，颇有感触地说："终公之任，砖工亦并无流弊。即今东河屡决，糜帑无数，参官无数，未闻一言归咎于砖工者，则公亦可以含笑于九泉矣。"

栗公的另一位好友蒋湘南，举人出身（曾与黄爵滋一道撰写过《论禁烟书》），闻讯赶来，详细了解砖工情况，并就抛砖筑坝的实际效果写了一篇文章，名曰《砖工记》。后于道光十七年（1837年）三月又专门到黑岗口考察，撰写了《黑岗观砖工记》。这两篇文章以见闻的形式，实事求是地介绍了砖工的价值和意义，力挺抛砖筑坝新法。

上述情形，均为栗公用砖治河起到了极大的推动作用，不仅消除了一些人的疑虑及污蔑不实之词，也更加坚定了栗公用砖的自信。

这次有关抛砖筑坝治河的大讨论最终以栗公胜利而告终。

栗公重新审视推广砖工的问题。鉴于诸多大臣的反对，他采取了折中的办法，并不彻底推翻和否定"镶埽"的使用，也不一味坚持全部"以砖带埽"，而是在用砖的基础上保留埽的存在。

"埽"是我国古代一直沿用的治河材料和工艺。它是以柴草为主要材料，以桩绳连接后，辅以土石修建起来的御水建筑物。《管子·度地》便有薪柴御水的记载，西汉时也以"伐买薪石"所占御河费用较大比例。到了宋代，黄河卷埽工得到进一步发展。据《宋史·河渠志》记载："以竹为巨索，长十尺至百尺，有数等。先择宽平之所以为埽场。"在埽场上密布以竹、荻綝成的绳索，绳上铺以梢料（柳枝或榆枝），"梢芟相重，压之以土，杂以碎石，以巨竹横贯其中，谓之'心索'。卷而束之……其高至数丈，其长倍之。"一般用民夫数百或千人，应号齐推于堤岸单薄之处，谓之"埽岸"。推下之后，将竹心索系于堤岸的桩橛上，并自上而下在埽上打进木桩，直透河底，把埽固定起来。

这种镶埽治河的做法一直用到清代，直到栗公时动摇了其地位。以栗毓美的想法，以砖代埽，在整个治河工段上全部改为砖工。但届于传统观念和来自上层的压力，他只能在有限的范围内使用砖工，而保留埽工。

道光十六年（1836年）十月，当他奏请将河南山东两省应办来年治河款项时，只得请求将碎石项下六成拨银六万七千九百两改为办砖块。并提议将河南来年例拨的防险银提取十万两，乘农隙设窑烧造大砖。

由于栗公"反复譬晓"用砖治河的功效，加之道光皇帝的信任（当然这里也包含了诸多止直人士和好友的支持和影响），上述两项建议均得到皇帝批准。

《清宣宗实录》记载："谕内阁：'栗毓美奏请添办来年备防秸石，并酌拨办砖一折。……据称试抛砖块，著有成效。著准其将河南省北岸秸料、碎石，例帮价银四万六千九百两，山东省曹河厅碎石及粮河厅秸料、碎石，例帮价银二万一千两，改办砖块。……'"

"又谕：栗毓美奏请预拨购砖银两等语。据称原阳支河抛筑砖坝，挑溜澄淤，确有成效。所拨砖价，除拦黄堰及支河等处预办外，所存无多，不敷两岸砖坝备防加足之用。现在旧砖渐少，收买颇难，亟应多置窑座烧造大砖，以备工用。著照所请，准其于来年例拨防险银内，预提银十万两，发交开归、河北两道，按用砖各厅分饬领办，勒限桃汛以前照数办足。……"

抛砖筑坝和烧窑得到皇帝的首肯和"得旨允行"，对栗毓美来说是莫大的鼓舞。同时他也对自己既坚持原则又灵活应变的做法颇感欣慰。他的一段话坦露了此时的心迹："吾人为一事，须要有定识定见。苟可以利国利民，必当身任其责。设有阻碍，应立一必为之志，随机应变，以冀有成，不可以口舌相争。"

有关道光皇帝批准用砖和烧窑的时间大致在道光十六年（1836年）十月，也就是栗公上任河督一年之后。这从《栗恭勤公年谱》《显考朴园府君行述》及《清宣宗实录》中可以得到证实。《豫河志》记载的"道光十五年奏准东河沿堤立窑烧造新砖，以备抛筑挡护减埽节费"可能有误。而《黄河·人文志》"到道光十九年，皇帝才批准制砖修堤的建议"也是不准确的。

据栗公亲自撰写的《砖坝成案》，此时用砖修筑的工程主要有：北岸黄沁厅之拦黄堰，上河厅之十三堡，下北厅之祥符陈头堡等。

得到皇帝的支持，栗毓美可以放心大胆地推广用砖治河工程了。或抛筑砖坝、砖盖坝，或抛筑砖垛，或将土坝用砖包护，这些工程均使危险工段安然无恙。史书上说："无不挑护得力，并未加添埽段。"

在注重危险工段的基础上，栗公更留意无工之处。他经过多次考察，对诸多无工之处水势勤加分析，做出准确的判断，并将砖料运到人们认为不会发生险情的地方，预先谋划抵御。道光十六年（1836年）霜降后，栗公在上南、曹河两厅察看，根据河滩地面高低形势，他判断出此处很可能在第二年春汛时要有危险。于是，立即指示赶紧购买九千方砖在这里贮备，以备次年春汛抛筑。当时有人认为此处距大堤甚远，不可能有险情，因此冷嘲热讽。

然而，事实胜于雄辩。

第二年，险情突发，人们深深佩服栗毓美料事如神。

栗毓美在治河修防上用的砖，无论在材料上和工艺上都是史无前例的创新。设窑烧造的河工砖与一般民用砖又有所不同，这种河工砖为椭圆形，体积大，长四十厘米、宽二十六厘米、厚八厘米，每块重约二十斤，中有圆孔，可以用绳穿系易于抛修。一般用四五块穿系抛出，并可

图为治河用的"河工砖"。此砖延用
了一百多年，直到民国时期仍在使用。

以裹护坝头。

李跃山在 2002 年冬季到河南考察栗毓美事迹时，曾见到过这种砖，上刻清"壬寅下南造"字样，出土地点为河南开封。2014 年年底，浑源栗毓美研究会刚成立，派专人赴豫鲁寻访栗公遗踪时，在黑岗口附近又探寻到了两块这种河工砖。在黄河博物馆，发现民国时期仍然在用这种中间有孔的河工砖。可见，栗公创造的河工砖延续了一百多年。

抛砖筑坝栗公用起来颇为得心应手，且治河效益十分显著。他曾向道光帝说："自臣试抛砖坝以来，三年未添新工。"到了道光十七年（1837 年）五月，他又奏请预提来岁例拨防险银十万两，建议多添窑座烧造砖块。

此次建议仍得到皇帝批准。《清宣宗实录》记载："谕内阁：'栗毓美奏，试办砖工确有成效，请预提银款，先事筹办一折。河南省黄沁各工，收买民砖，抛坝挡护，化险为平，屡著成效。该河督请拨银两，先期筹办，著照所请。准其于戊戌年春伏两汛例拨备防银三十万两内，由河南藩库预提银十万两，分派各厅多添窑座，先时烧造。……'"

按说，有皇帝的支持，栗公在御河工程上的革新应该顺风顺水。但是，由于创新有违旧制，势必遭受保守势力的阻挠和反对，加上人们的认识问题，当然也包括既得利益者的作梗，这一新生事物虽未被扼杀，却也是反反复复，曲曲折折。

就在栗公奉旨广置窑座，大量烧制河工砖仅仅一个月，事情便发生了逆转，几乎断送了他"以砖代埽"的革新成果。第二次"浮议"再起波澜。

此时，御史李莼参奏应停烧砖，皇上即派尚书敬征（达斋）为钦差与李莼一道到河南察勘。当时他们也发现用砖效果很好，但由于他们轻信反对用砖大臣的非议，表面上肯定，实际上否定，回去后便向皇帝禀道："砖工整齐可以济料石之不足，惟虑厅员立窑烧砖未能坚实，致有流弊。"

这道奏折看似平淡，实质用心险恶，无异于全盘否定用砖的成果。同时，也戳到了道光皇帝的痛处。自道光十五年（1835年）栗公试用砖工取得显著效果后，他多次上书阐明用砖治河的现实意义和长远的历史意义。但道光皇帝仅把它看作是一时应急，只是以期减埽节费的权宜之计，并未真正认识到用砖的长治功效。出于对栗毓美的信任，也由于栗公在策略上一直同意用埽，并未全盘推翻埽的使用，因而道光皇帝虽同意用砖，并准予烧窑制砖，但他心里对用砖治河并没有底。尤其他还听到一些大臣的非议，诸如：烧砖土性沙碱，坯难结实；近堤取土危及堤坝；行之日久，流弊滋多；烧砖不如采石之无弊；用砖不如用石之一劳永逸等等。

这些貌似公正有理的说法，在道光皇帝心中一直是一个结。因而，当御史李莼奏请东河砖工应暂停烧造时，他当即派尚书敬征作为钦差前往调查，并对其所奏认为"所议甚是"。

于是，道光十七年（1837年）七月，发出圣旨："其置窑烧砖，即行停止。"

这道圣旨无疑对栗公"以砖代埽"的治河新法浇了一盆凉水。尽管他内心很痛苦，但他是一个有主见的人，始终认为这是治河的最佳方法，只不过朝廷并不了解抑或没有透彻了解其功用。他曾说："天下事无大小，非身历其境、逐处留心者不能深知。今人往往无真知灼见，非以成败论人，即以耳为目。或轻信当局素不经心者之言，以为其人任事已久，必能熟习情形，并不察其用意之所在，不思事理之所以然，随声附和，依人为是非。甚或以局外之人参与其事，无论其才智不能过人，未必一览而知。即或是非了然于心而畏首畏尾，非遇视国事如家事之人，亦孰肯力肩重任，代人执咎？"

从这段坦露心迹的肺腑之言可以看出，栗公面对大臣的非议，面对皇帝的不解，他既没有牢骚满腹、心生怨恨；也没有自暴自弃、任其自然。而是以国家利益为重，多次上书，力陈用砖的好处，试图让更多的人了解这一创新治河的路子是正确的。

针对人们的非议和不解，栗公着重从以下两个方面阐述了他的主张：

一是详述以前治河方法和材料的弊端，已不适应现在治河的需求。

"臣思前人镶埽，亦不得已而用之耳。盖镶埽引溜生工，久为河工所戒。在明白工程者，得守且守，原不肯轻率从事。而昧于机宜者，率行镶埽，引动河溜侧注堤根，往往以无工而转为险工。且堆料备防二三年后归于朽腐，未免虚费钱粮。……

"臣深知历来失事皆在无工处所，委因两岸堤长一千余里，未能处处储备秸料。一旦河势变迁，塌滩溃堤，动辄仓皇失措，酿成口岸，即幸而抢护平稳，镶埽非数万及十数万金不能济事。迨新工既生，逐年镶修劳费，遂无所底止。……

"臣非不知石坚于砖，惟豫省采石之地最近者只有济源、巩县两处，必须春末夏初方能运到，济源则采运尤难。砖为民间常用之物，沿河州县每处民窑不下数十座，终年烧造，随地随时皆能应手，可以无误事机。

"且石性滑，入水易于滚转，仍不免引溜刷深。砖性涩，与土胶粘，抛坝卸成坦坡，即能挑远溜势。况每方砖价各厅均系六两，石价惟黄沁一厅每方系五两八钱，余厅自六、七、八两至十三两不等。方价既多寡悬殊，而碎石大小不一，堆垛觕觚玲珑，半属空虚。尺砖一千块为一方，平铺计数，堆垛结实。臣曾将石与砖较量轻重，石每方重五六千斤，砖每方重九千余斤。以一方碎石之价可购两方之砖，而抛一方之砖又可抵两方碎石之用，是用砖较之用石，钱粮节省更多。"

二是力陈用砖的实效和优势。

"自臣试抛砖坝以来，三年未添新工。虽杨桥镶埽四段、仪睢镶埽九段，亦因购砖不敷抛用，是以先抛砖而后改镶埽，议者遂谓砖不可靠，藉为口实。……

"或谓砖可以治将生未生之工，不可治已生已成之险，不知杜一将生未生之工，即少一已生已成之险也。……

"或谓抛用砖工万一偶有失事，而人心叵测，虽在未经用砖之处，势将诿咎于砖，为臣远虑者。查未用砖工以前失事者，不一而足。即道光十二年，南北两岸下南、黄沁两厅皆有塌堤之患。十五年，原阳两汛分溜成河，用砖抛护，并无意外之虞。况各厅有工处所，凡可以镶埽之处，臣仍储备秸石照常修守，不过于秸石之外，添一砖块工料，用以盖护旧工，力杜新工，并非舍秸石而不用也。

"或谓抛筑砖坝与水争地。不知堤前之地尺寸在所必争，自来镶埽，堤前必先筑土坝数十丈，然后用埽镶护，迨数年后，埽朽脱胎，坝随埽塌。现查各厅，率多有坝之名，无坝之实。大溜转逼近堤根，砖坝则无须埽护，即系师筑土坝之意而不泥其法，抛足坦坡，溜自外移，未有可筑土坝而不可筑砖坝者。至两岸河滩，除兰仪厅蔡家楼与曹考厅磨盘坝相距仅三四里，其余各厅滩宽七八里、十数里及二三四十里不等，抛坝仅长数丈及十数丈，所占河面无几，何至有与水争地之患？"

栗公在详述埽、石、砖在治河的利弊得失后，一针见血地指出：

"夫堤防之设以卫民也。镶埽不过护堤，堤前水深则险，水浅则平；水近则险，水远则平，乃一定不易之理。埽段淤闭，报部谓之化险为平。自抛筑砖坝，凡堤前之水深且近者，无不浅且远。而埽段逐渐淤闭，险者已无不平。此臣慎重要工，复请用砖之实情也。"

栗公这封奏折呈送皇帝后，引起道光帝的重视，也解开了他多年来关于"以砖代埽"的心结。《清宣宗实录》记载，道光十九年（1839年），皇帝谕："栗毓美奏，预筹储备工需，以防串沟隐患一折；又另片奏，砖工得力省费情形等语。著照所请，准其于北岸黄沁厅属之马营、荥源两堤，南岸下南厅属之祥符下汛、陈留汛，每厅各购砖五千方，于情形险要之处，酌量多寡，分段堆贮备用。……

"至用砖抢办险工，较镶埽更为便捷。且较石价多寡悬殊，钱粮节省，又所占河面无几，不致有与水争地之虞。该河督既确有把握，朕即责成办理。……"

至此，围绕"以砖代埽"的浮议烟消云散，栗公创行的抛砖筑坝法得以推广。据统计，四年来，栗公这项治河防洪工程的技术革新，不仅"河不为患"，而且为国家节省了大量经费。与栗公在道光十五年（1835年）上任前四年（道光十一年至十四年）同期相比，节省三十六万二千余两。若按埽工核计省银已在一百万五千余两。而砖坝经久不坏，埽段二三年即朽烂脱胎，一经走失即漂没无存，以此计算，省费不可数计。

而据常赞春编《谥恭勤河督栗朴园先生事略》记载："五年之间，省银百五十余万两。"

殚竭血诚　逝于工地

栗公之所以在治河上获得重大成功，做出了卓越贡献，来源于他的高度责任感和对国家的忠诚。正是这种精神，使他在工作和事业上勇于担当，敢于履危蹈险，不畏人言非议，不计个人恩怨。他曾向道光皇帝诚恳地说："臣所以不恤人言，不辞劳怨，力肩重任，为国帑民生计，不敢为一身一家之利害计也。"

《清史稿·栗毓美传》论曰："河患至道光朝而愈亟，南河为漕运所累，愈治愈坏。自张文浩蓄清肇祸，高堰决而运道阻。严烺畏首畏尾，湖水并不能治。张井创议改河，而不敢执咎，迄于无成，灌塘济运，赖以弥缝。麟庆、潘锡恩因循其成法，幸无大败而已。吴邦庆讲求水利，而治河未有显绩。栗公实心实力，卓为当时河臣之冠，不独砖工创法为可纪也。东河自毓美后，朱襄、钟祥、文冲继之，祥符、中牟迭决，东河遂益棘矣。"

这段评议历数多位治河大臣，有栗公身前的，也有身后的。不仅说明栗公是治河的中流砥柱，更重要的是说明他对工作的高度负责精神和治河成就。就拿抛砖筑坝法来说，栗公通过实践证实用砖是当时最有效的办法。但遭到河厅一些官员和朝廷大臣的反对，因为这一革新伤害了"埽、石"料贩子和与之相连的利益集团的利益，所以他们群起而攻之，乃至皇帝下令停止用砖。如果栗公明哲保身，没有高度的责任感，他就不会坚定不移，据理力争，多次上奏请求用砖。

道光十九年（1839年），栗公在山东发现汶河分别接济南北的漕运，而戴村坝是蜀山湖水和汶河河水蓄泄的关键之处。戴村坝是玲珑、乱石、滚水三座坝的统称。他与道厅官员商议，拟将戴村坝酌量加高，以补湖水。但遭到一些治河大员反对，他们认为："结实加高，深恐盛涨宣泄不及，有碍民间田庐。"栗公因上年暂用碎石加高坝体后，蓄水就符合了要求，效果很好。便多次亲自勘察，证实三座坝即使不加高，若遇大水漫溢，也会淹及民田，而加高三座坝与淹民田并无多大关系，却能解决蓄水问题。于是，他自己捐购五百方碎石，酌情把戴村坝加高了一二

当年，栗毓美力排众议，捐购碎石将位于今山东东平的戴村坝加高以利漕运。图为戴村坝今貌。

尺。那一年，蓄水果然达到了要求的标准。

栗公高度的责任感促使他忘我地工作，鞠躬尽瘁。尤其在治河任上，他一心扑在事业上，几乎是拼着命工作。史书说："五载以来，殚竭血诚，不肯稍辞嫌怨。于黄河修守、运河蓄水济运及营伍各事宜，悉尽心筹划，未曙披衣，中宵索烛，几至寝馈胥忘。"

道光十九年（1839年）冬，栗公书写文稿偶有笔误，自己感觉精神不如以前。次年（1840年）除夕批阅公文时忽然觉得心神恍惚，过了一会才好一些。其实，这时他已身患重病，但他并未求医访药，仍心系治河，奔波在工地上。到了二月，出巡河工，二月十六日在途中给两个儿子写信道："沐恩深重，未报涓埃。仰蒙京察议叙，深为惶愧。近来河工虽经抛筑砖坝，工坚费省，究因限于钱粮，两岸堤工尚未能一律增培高厚。俟三四年后将各厅堤堰全行加高帮宽，根本既固，即可裁减岁料，渐复厅员旧额，每岁浮费节省当不下二三十万。"这封家书是栗公写的最后一封家书。

道光二十年（1840年）二月十七日，栗公巡查河工到达上南厅郑州汛胡家屯工地，因连续十几天奔波，他已十分疲惫。午后前往查工，遇上狂风大作，难以前行，只得在工地停留。阅读奏稿，谈论公事，一直到晚上。晚饭时，顿感头痛剧烈，手中筷子掉地，右手足麻木不能动。

道厅官员闻信赶来，栗公含泪告诫他们："受恩深重，连年竭力筹划，未毕报效之忱而奇疾陡生，殆将不起，不能再事驰驱。惟愿诸君各矢肫诚，同心协力，慎重修防，死亦瞑目。"

十八日子时，栗公病逝于胡家屯工地。次年七月初七日，运回家乡浑源安葬。

第四节　性廉介　寡嗜好

栗公"刚正廉介，夙寡嗜好"。他认为做官"当廉明公正，以察吏安民为务"，应"循分供职，恪守官箴"。他说："人果能循其分之，自然尽其职所当为。虽未能兴大利除大弊，而操守自必清洁，民事自不废弛，仓库亦必不肯亏挪，即系二等好官。现在欲得一做官而肯做事者固难，即欲得一做事以求做官者亦不甚易。"

面对当时吏治腐败，尤其奢侈之风盛行，人们大多喜欢讲排场、玩高档、图享乐，栗公不媚俗，不入流，卓然自立。他不仅自奉俭约，廉洁奉公，摒弃官僚作风，而且勇于和这种不良倾向做斗争，力扫官场的颓势。他倡导节约，摒黜浮华，裁减衙门供给，杜绝舞弊行为，"革除官价，严绝苞苴（贿赂）"。同时，他对自己的亲属及身边的工作人员严格要求，做到洁己奉公，不谋私利。

身先士卒　不辞劳怨

栗公从县官一直做到河东河道总督，尽管官职不断提升，但他的操守和作风一直没有变。几十年来一直坚持艰苦朴素、深入第一线调查研究的作风，不坐衙门发号施令，而是在一线和广大普通兵丁、衙役同甘共苦，一起解决问题。他之所以工作中失误较少，预见准确，成绩显著并获得重大成功，正是得益于这种操守和作风。

注重调查研究，不闭门造车瞎指挥

栗毓美刚出仕时，对吏治并不熟悉。史书说他："深恐未谙吏治。"但他对工作认真负责，"遇事从容坐理，听断公明"，很快取得了良好的政绩，"颂声大作"。后来，他曾多次被委派查办赈灾，在工作中亲临四乡，走访民众，把这项工作做得"井井有条，实惠及民"。究其原因，是他注重调查研究，能够脚踏实地开展工作。通过调查研究，发现问题，总结经验，汲取教训，有针对性地解决实际问题，从而避免了盲目及脱离实际的官僚作风和瞎指挥的错误。

道光元年（1821年），栗公时任武陟县知县。该县濒临黄河、沁河，沁堤一向为民筑民修。他深入黄河沿岸调查，发现沁堤堤身单薄，一遇大水，该堤势必决口，城郭田庐难以保障，于是禀请对子堰先行加固。得到上司批准后，他又定出修守章程，选择办事公正的乡绅具体操办。

沁河是黄河重要支流之一，发源于山西省沁源县羊头山，流经山西省安泽、沁水、阳城及河南省济源、沁阳、博爱、温县至武陟方陵汇入黄河（左岸从博爱、右岸从温县进入武陟县）。境内全长34.9公里，由于下游淤积严重，河床逐渐高出地面2—4米，最高达7米，形成了"地上河"，造成水灾频繁，素有"小黄河"之称。

乾隆二十六年（1761年）七月十六日，沁河暴涨，武陟境内决沁河河堤二十五段。嘉庆二十四年（1819年）八月初六，黄河水陡涨，兼以沁水汇注，洪水高过堤顶二三尺。武陟汛九堡子堰，随筑随塌，漫塌堤身三十余丈，后刷宽至一百余丈。武陟沁河南岸原村民埝漫决，水由方陵、草亭等处宣泄入黄河。

栗公在修筑沁堤子堰后，深知沁堤的单薄仍是一大隐患，必须加大增培力度，以防溃决。他到沁堤沿岸，查明应修工段，做出了增培的周密计划，但这个计划需要大量资金。当时，栗公的前任曾因报请修筑沁堤需要万余金，被上官批驳，没有实施。如今，这项修堤计划所需资金比前任提出的费用多出数倍，人们都认为很难得到批准。

后来，布政使罗月川奉旨查阅河工，到武陟询及沁堤情况，栗公详细陈述修办缘由，罗月川即在奏折内附加声明赞同修筑，栗公遂将沁堤修筑计划禀请上司派人评估。当时，巡抚姚祖同觉得栗公前次加修子堰是自己评估并操办的，此次忽然又报请上级评估修建，认为是有意推诿，便"严批申饬"。后来姚祖同亲自到武陟勘察了解实情后，这项计划得以奏准兴修。

沁堤自栗公增培修筑后，六十多年里未发生溃决，直到光绪十三年（1887年）八月初七，沁河才发生漫口。

道光十五年（1835年），栗公担任河道总督后，官虽做大了，但他在工作中更注重了调查研究。

上任之始，为了掌握和了解黄河修防情况，制定治黄方略，他乘小舟沿着黄河险要地段四十多里进行调研。从中发现了"串沟"的危险，无工之段常易变为致险之处，以及"镶埽"易激水势等诸多治河中的大问题，从而有针对性地采取措施，使黄河得到了有效的治理。

据民间流传，栗公为了方便查看各河，专门用了一艘名曰"丘氏神舟"的木船。这艘船颇有一段来历：

黄河神庙嘉应观正南黄河大堤北，有一村叫秦厂，这里曾是武陟县古代的造船厂。在康熙年间，该厂招收了姓丘的两兄弟作工匠。这两兄弟技艺娴熟，尽心尽责，用楸木造的船速度快，浮固稳健，被人们誉为"神舟"。当时，丘氏神舟在修坝堵口、治黄安民中发挥了重要作用，并受到朝廷的嘉奖。栗公为了铭记丘氏兄弟造船为民之功德，专门在嘉应观恭仪厅前种植了两棵楸树以示纪念。据传，现在嘉应观内两棵硕大的楸树即为当年栗公所栽，至今生长旺盛。

一次，栗公乘着丘氏神舟在黄河察看时发现，堤河相距较远的地方以前都没有工程，也不储备物料。而溃堤并非处处在险要地方，常常发生在没有工程之处。这些无工之处又往往被人们忽略，极易发生问题而让人措手不及，并且应该注重无工之处料物的储备。他不仅与同僚和下属官员讲这个问题，而且上书朝廷提出这一治河方略。"豫省历次失事，皆在无工之处，堤长千里未能处处筹备。一旦河势变迁，骤遇风雨，动辄仓皇失措。"但许多治河官员对栗毓美的这一观点并不认同。觉得如果按栗公的思路，在无工之处堆积料物用于防险，只能增加费用，并无多大益处。栗公坚持他的观点，并提醒道："不知杜一将生未生之工，即少一已生已成之险也。"按照栗公的做法，在无工之处储备了料物。后来，大水至，无工之处遭受冲击，因早有准备而安然无恙，众人"乃大服"。事实证明了栗毓美在调查研究中做出的决断是正确的。栗公说："能知省之为省，乃真能省费者也。"

就拿栗公创造的"以砖代埽"来说，也是他在大量调查研究的基础上做出的正确决断，看似偶然，实则必然。

栗公在疏浚贾鲁河时和挖城壕沟泥时，发现砖久经浸泡，坚如石头。这件事对他启发很大。后来，他在原武、阳武堵决口时由于料物不足，立即想到村民房屋倒塌，有大量民砖，便以砖代埽治河，当时效果很好。

从这件偶然的事来说，栗公并没有停止在应急上，而是继续总结和探索用砖的成效。他通过认真调查，分析比较与用埽的利弊。

栗公认为用埽有三大弊端：

一是埽料堆积易腐烂，遇雨季大多霉坏，还容易失火，浪费严重。同时，秸质松弱，镶入决口，不到三四年就朽烂；二是用镶埽堵口时"易激水势，溜势上提"；三是埽料在收购时常常被料贩子作弊，通过贿赂有关官员，侵吞国家大量钱财。

而"砖质滞于石，故入水不移，坚于秸，故入水不腐。又土不能筑坝水中，砖则能水中抛坝，能缓受急冲，化险为夷"。同时，"收砖易于运石，则数千万之官银可省矣"。

栗公通过深入调查研究，并在实践中认识，再实践，再认识，从而获得了正确的结论。因此，当面对众多官员反对"以砖代埽"时，他胸有成竹，敢于坚持这一正确革新成果，并上书朝廷，反复解释，最终获得皇帝及众多官员的认可，抛砖筑坝法得以推广，打开了治河新局面。

由于栗公注重深入实地调查研究，他对整个河道的状况了如指掌，"于工之将生未生，无不预谋抵御"。因而能做到防治有度，对症下药，确保黄河安澜。史书上说："公在工勤其职，有风雨危险，必躬亲之，居平河曲折、高下、向背皆在隐度。每曰：'水将抵某所，急备之'。"都如栗公所预见，及时排除了隐患。

在栗公治河的五年中，"乙未（1835年）原阳之支河，戊戌（1838年）盛涨，水至八尺，卒得无患"。这两次大水，有人认为是天运，但如果不是栗毓美任河督，很可能出现堤坝溃决。而栗公去世后，连续几年发生堤坝溃决就是很好的例证。

亲临一线工作，不坐衙门当老爷

栗公一向身先士卒，始终奋不顾身在第一线，甚至冒着生命危险。

嘉庆十九年（1814年），他时任西华县知县，正逢瘟疫流行。栗公没有坐在衙门发号施令，而是亲临疫区，并和医官共同制作药饵，使瘟疫很快得到控制。

他在任武陟知县时，发现该县沙压地亩问题多年来一直没有得到解决，严重影响民生，便亲临一线实地"勘丈"。

武陟是黄河修防的重要地方，往年曾被洪水淹过不少土地，由于黄河泥沙大，水淹之后许多良田变为沙地，不能耕种。按照当时朝廷对沙压土地的规定，均有补贴。但"勘丈"这项工作费时费力，因而历任知县均未查清。这样，武陟百姓没有享受到朝廷的救济和减赋，"民间殊形苦累"。

栗公于是组织人员在全县范围内普查沙压地亩。他脱去官服，换上便衣，和百姓一道亲自深入田间地头勘查丈量。

经过数月的辛苦，终于丈量清楚了沙压地亩，并很快呈请豁免漕赋，百姓深得其惠。

栗公在赈灾中更是亲力亲为，逐门逐户调查了解实情。在仪封一带查办灾赈时，他连续五十多天深入灾区，查明灾户，及时赈济。以至于久受湿热患腹疾，被医生误用寒剂治疗，差点导致严重的消化不良。由于他从不在衙门里只听汇报，因而赈灾工作做得合理合法，既体现了朝廷的意愿，又深得民心。同时，他也从中了解了民情，掌握了大量的第一手资料。所以他在县官任上，民生工作做得非常好，社会治安稳定，经济发展迅速，并提倡"以工代赈""通变宜民"，贫民得以生存，没有流落街头，造成不稳定因素。

上任河督后，他虽贵为封疆大吏，仍和普通百姓、兵丁一道奋战在工地，筑坝修防。道光十五年（1835 年）八月，栗公在原武抢险试行抛砖筑坝时，整整四十昼夜奋战在第一线，抛筑砖坝六十余道。工地的老百姓见栗公"披星而出，戴月而入"，十分感动，关切地说："其勤劳何太甚耶！"栗公说："吾昼夜筑防，唯恐不及，何敢惮劳？"

在治河险要工程中，他总是在现场中亲临指挥抢险。"躬立泥淖之中，指授方略。沐雨栉风，罔间寒暑。"每当抛筑的砖坝刚刚露出水面，而且还在晃动时，栗公不顾生命危险，抢在兵弁的前头，站在坝上，查验是否踏实、稳固。

自奉俭约　摒黜浮华

栗公为官以来，一直恪守节俭，始终清正廉洁。"虽位跻封疆，而自奉俭约"。他平素"衣服俭朴，饮食菲薄"，有人不解地问道："其自奉何太苦耶？"栗公说："俭者之苦于华，犹奢之苦于约也。衣服虽粗庸何伤？夫俭则必勤，奢则多惰；俭则必谨，奢则多肆。惰与肆非所以率官吏示民众也。"

栗毓美把节俭作为带领下属为民众做榜样这样一个高度来对待，因而他在工作中总是倡导节俭，反对奢靡和浮华。他曾写过一首《咏白石榴花》诗，以喻自己甘于清贫、廉洁奉公的志向。

> 时皆红照眼，兹独异群伦。
> 不作朝霞艳，若争高士贫。
> 拂阶霜气韵，摇夜月精神。
> 还似空门叟，白头离绛尘。

清朝中叶，吏治日渐腐败。尤其河政这一"肥差"，从河督到属吏，不少官员骄奢淫逸，贪赃枉法，腐败尤盛。他们思想颓废，一味迎合追求奢靡之风，讲排场、玩高档、图享受，生活十分糜烂。其饮食、衣服、车马、玩好之类无不斗奇竞巧，有人认为"有为帝王所不及者"。这些家伙巧取豪夺、贪污侵吞用于河防的工程款，以至当时流传这样一句话："黄河决口，黄金万斗。"他们整日请客、送礼、看戏，极尽挥霍之能事。有关资料记载，有的河督筵宴，竟一席三天三夜也不撤桌，浪费惊人。猪肉一碗，得杀四五十口猪，只为割下里脊一小条，其他统统不要；驼肉一席，须用三四匹骆驼；鹅掌一席，须用数十只鹅；就连一席豆腐菜，也有十几种，需银几百两。当时，南河总督驻清江浦，河员大工都聚集在这里，一个弹丸之地，竟有流动妓女三千多人。有人统计，按每人日费一金计，则合计岁费当百万矣。当时，清代有识之士魏源对此腐败现象深恶痛绝。他沉痛地指出："竭天下之财赋以事河，古今有此漏卮填壑之政乎？"就连当时的御史在上奏时亦称："河工习尚繁华，

103

以奔走趋承为能事。"

河政的腐败问题，造成了河道失修，水灾频仍。河南沁河、漳河、中牟河经常河决成灾。

清人何栻曾在《河决中牟》诗中披露了这种腐败给国家和人民带来的灾难：

> 黑云压堤蒙马头，河声惨淡云中流。
> 霪霖滂沛风飓飙，蛟螭跋扈鼍鼍愁。
> 赎竹楗石数不雠，公帑早入私囊收。
> 白眼视河无一筹，飞书惊倒监河侯。
> 一日夜驰四百里，车中雨渍衣如洗。
> 暮望中牟路无几，霹雳一声河见底。
> 生灵百万其鱼矣，河上官僚笑相视。
> 鲜车怒马迎新使，六百万金大工起。

一边是百姓淹死无数，流离失所；一边是河臣鲜车怒马，而国家竟再从国库中拿出六百万两银子用于河工修防。

这种奢靡现象就连道光皇帝也深感问题严重，他在一份奏折中批示道："御史成观宣奏，请饬禁河工浮耗积习，以重修防一折。河工要务，首慎修防，欲重修防，先去浮耗，全在总河大员。洁己奉公，正色率属，不时稽察在工厂弁，务须力革浮华，敦崇节俭。于各员办工购料，勤核验收，一切费用，摒节裁减，俾有用之帑项，不至靡费于无用之地。工料无亏，则修防自固。"

对于河政的陋习，栗公极为忧虑，决心革除。早在道光十年（1830年）底，他任开归陈许兵备道，对河政陋习现象就有所了解，尤其深知治河物料以秸镶埽易朽，而且靡费，中间猫腻不少，便捐廉二千金令仪睢厅购砖，先行试办抛砖，这也有杜绝治河物料上的腐败行为的考虑。

道光十二年（1832年），栗公担任河南布政使时，仍然力倡节俭，在节流上尤为重视。

河南全省摊派的款项多，以致州县办公经费入不敷出，常常出现短缺挪用问题。要想正本清源，必先裁减革除上司的供应。这样做无疑会伤害上层集团的利益，因为以前也多次有过类似的动议，但由于阻力太大，一直没有落实。

栗公上任之初，首先裁去自己衙门的供给，并和巡抚、臬台商议，同心协力，一起推行这项崇尚节俭、摒弃浮华的措施。同时，对下属要求他们严禁发生新的亏欠，并制定章程，对旧的亏欠限期弥补。河南布政使在任三年多，节省了大量不必要的开支，官库丰盈为几十年所没有，就连过去全省亏欠最重的祥符县也弥补了十分之八九。

栗公到任河督后，大刀阔斧地铲除河工积弊。首先裁去自己供应上的浮费，并严厉要求道、厅治河官员崇尚俭节，革除浮华。当得知往来巡视工地的车辆、马夫、马匹，过去均由沿河居民供给，于是下令革除，全部自备。山东、河南的候补人员派委托的人前去防汛，自己往往不去工地，就等着霜降后被滥肆保举，这种方式很长时间被这些人视为升官的捷径。栗公于是下令各道员不准再禀报派委托的人，是谁负责的工程就必须谁去，杜绝了这种虚浮假冒现象。兰仪县庙工为河督伏秋防汛的驻地，过去商人云集，奇异珍玩无数，以此搞一些权钱交易。由于栗公一无嗜好，人们也不敢买这些珍玩送给官员了，远方的商人也不再来这里了。

廉洁奉公　家风优良

栗毓美为官清正廉洁，尽心职守，一直是为国帑民生考虑，从不为自己和家庭的利益去考虑。当个人利益与国家利益发生矛盾时，他能正确处理国事与家事的关系，总是把国家利益放在第一位，毅然舍弃个人利益。可谓是："爱士恤民之心未尝一日忘，而于家人生计置不系念。"

嘉庆十八年（1813年），栗公代理西华县时，他五岁的小儿子栗燿患脾弱症，骨瘦如柴，身体虚弱。经医生诊治，需要陈仓米约一斗煎汁和药，治疗此病症。当时正值西华县开仓赈灾，长子栗烜请求栗公给弟弟带些仓米治病，被栗公斥责道："仓谷岂可颗粒入私？况现办灾赈，汝弟以米和药，病未必即瘳，而灾黎增升斗之米，即享升斗之惠，何不晓事至此。"

后来，栗烜再三乞求，栗公始终不许。

栗毓美作为一个封建社会的官僚，他手中握有权力，曾为许多人办过好事，解决过实际问题。这些人当中有不少抱着感恩的思想给他送钱送物，但他一律拒绝接受。

嘉庆十六年（1811年），栗毓美代理安阳知县时，在办理一件赌博案件中，房东是一富户，由于栗公审理细致，查明该房东并不知情，依例办理，没有株连无辜。该房东非常感激，在两年后栗公早已离任，并奉调回省之时送来千金，栗公坚辞不受。后又跟到省城送来米、帛、器具等物品，栗公仍然不接受。

嘉庆十七年（1812年），栗公代理河内知县时，有一富户因事拟罪，连年没有结案，颇受拖累之苦。栗公上任后，立即予以审结。卸任后，该富户拿出三千金以寿礼的名义送给他，被严词拒绝。四年后栗公的父亲去世，河内这位富户又以丧礼名义送来三千金，他再次婉言谢绝。

当时，由于栗公廉洁奉公，官微薪低，经济并不富裕。在他处理父亲丧葬时，几乎无钱安葬。史书上说："时公私交累，几于告贷无门。"在这种情况下，人们都认为栗公"累不可支，且彼以致赙为辞，理无不受。"按照常情，栗公手头拮据，急需用银，且又离开了该县，该富户又是以赙金名义送来的银两，并非巴结，纯属感恩回报，应该不会推辞了。但出乎人们的意料，栗公仍是坚决拒绝。他说："吾与某素不相识，其所以厚赙者，因前事也。昔日守官箴不肯受人之馈，今敢因父亡境累遂负初心耶？"

栗毓美认为，做官应心系国家和百姓，不应追求声色货利。应该为百姓谋利益，而不应处处想着个人利益。如果不严于律己，注重自身形象，就会影响到朝廷的吏治，就会遭到老百姓的反对和唾弃。

栗公不仅自己身体力行，严格要求自己，并且言传身教，教育子弟上进做人，以国事为重。同时还在孝道上做出了榜样。

道光八年（1828年），长子栗烜遵例报捐员外郎，分发刑部江西司行走。栗公亲笔手谕说："诸事虚心讲习，矢慎矢勤，不可稍有怠忽之念。鞫狱须开诚布公，使两造心服，方能无枉无纵。外省题咨案件尤当细心查核，务得情法之平，不可任意气，逞小智，以刻核见长，轻于驳审，徒令小民复受拖累。人言刑官无后，非特人命宜慎重，即公牍中叙一字，案内传一人，皆当细心斟酌。公余须读书培养身心，以廉介自勉，勿负期望。"还给寄来了所著的《鞫狱琐言》。

道光十九年（1839年），五弟毓杞在任杭州通判时，他寄书谆谆告诫："尽职守，励廉隅。"

就在栗公去世的前两日，还给俸满保举将要担任知府的长子栗烜去信教诲："当虑知府称职之难，不可先存得失之心，升沉有命，宜静以听之。"并言，"近体强健，正可为国宣劳，不必以我为念。立品修行，

栗毓美不仅身体力行，勤勉廉洁，而且时刻告诫亲属勤学谨慎，上进做人。图为栗公的一封家书（局部）。

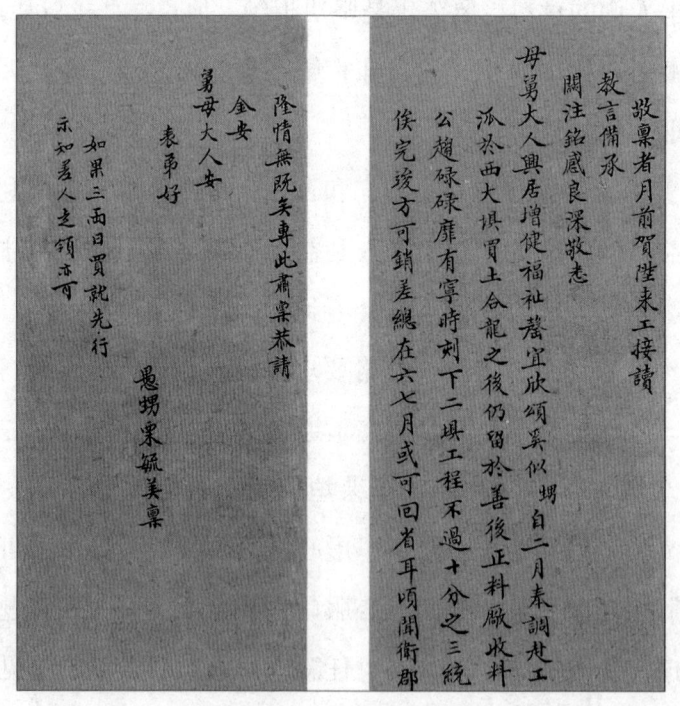

勉期上进，勿苟且以随俗，勿侥幸以求名，勿以先正之言行为迂阔，勿以偶尔之愆误为无害。慎交游，谨言语，务求无愧于心，方不愧为臣为子之道。"不料此语竟成教子绝言。

栗毓美很讲孝道，史书说"天性孝友"。他十三岁时，亲生母亲白夫人去世，悲痛"哀毁如成人"。不久父亲栗渥患疮疾，很是危险，栗公亲自伺候，背着父亲流泪哭泣，并到祖祠祈祷，愿以自身代替父亲。但在父亲面前，则破涕为笑，以安慰其父。药必亲尝，目不交睫，伺候百余天直到病愈。后来对继母孙夫人也格外孝顺，如同亲生儿子一样。他出仕后，又把父亲及孙夫人所生孩子阖家迎到署中抚养。父亲去世后，他承担起抚养一家人的责任，殷勤教育弟弟及侄子，友爱诸弟侄出于真诚，不让孙夫人受累。当孙夫人随五弟到杭州时，栗公因公务繁忙，没有去送行，他说："老母今日启程，弗克亲送，此作宦之苦。"想到老母远行，恐怕难以见面，顿时流下了眼泪。

就在栗公去世前一天，还手封全鹿丸，准备寄给孙夫人。弥留之际，身边人请示遗言，只是哭叫着老母亲，语不及私。

父亲栗渥去世后，栗公"昼夜哀号，泪渍衣成血"。当时境内赴吊者数万人，但栗公没有收受人们的馈赠。

栗公父亲往浑源运回安葬时，他担心办理移交超过期限，出安阳后，让弟弟扶柩回家乡，自己独自返回开封。后来，他在安葬父亲时，选坟地不迷信风水之说，全部遵照礼制下葬，没有搞半点特殊。栗公守制三年，在家里不干预外面的事情。

栗毓美从政近四十年来，一直勤政为民，从不考虑个人得失。他做县官近二十年，这对一个仕途中人来说，无异是一种煎熬，但栗公并不在乎这些，始终一如既往地勤奋工作，不管到哪里，干什么工作，都兢兢业业，任劳任怨。

嘉庆二十五年（1820年）九月，栗公在管理仪封工程时，因"稽核精详"，被巡抚姚祖同看中，拟请加知州衔，结果在发折时，因人数已多，没有实现。这是栗公从二十五岁出仕，到四十三岁近二十年在知县任上的首次提拔，但却化为泡影。

当时，他的心情如何，我们已无法知道。但他没有因此自暴自弃，或者为政消极应付，他似乎对此看得很淡，仍然尽职尽责，努力做好自己的本职工作。当年岁尾，他署修武县知县，因惩匪断案，政绩斐然，姚祖同巡抚欲再次举荐，栗公婉言推辞说："审案乃分内事，不愿因某开幸进之门也。"在为升迁问题投机钻营、贿赂买官甚至争得头破血流的官场中，栗公竟能淡然处之，不为名利所动，可见风格之高。从中也可看到栗公从政不是为了做官，而是为了做事。

栗毓美并非圣人和完人，他也曾有过失误，受过处分，但他能够正确对待自己，正确对待别人。即使有些冤枉，他也总是从自身检讨，有则改之，无则加勉。

道光元年（1821年），栗公时任武陟县知县。因协办马营坝放淤工程，并帮助一同抢险，被时任河东河道总督严烺保奏，奉旨以同知直隶州尽先升用，先换顶戴。

这是栗公第一次正式提拔，虽无实职，但有了待遇。可是，谁能想到仅仅过了数月他就被参免职。

五月，河厅官员赶办秸料备防。因在黄沁厅拦黄堰有一段坝连接民堰，于是河厅官员让栗毓美协助办理秸料五十垛，而此时购买秸料价格昂贵，恐赔累过多，还叮嘱栗公等秋料登场后再行购买。可是，当巡抚姚祖同来查验料垛后，以栗公办料延缓为由给予参奏。"奉旨革去升衔顶戴，停其升用。"

对此处理，有人替栗毓美鸣不平，都说是所办料垛未齐备，专管的厅员不受处分，地方官只是协助办理就承担了全部责任。

但栗公没有一点怨言，他说："中丞相待素优，非有意苛责者，况办事应不分畛域，予惟知愧励耳。"

第五节　功在河　德在民

道光二十年（1840 年）二月十八日子时，栗毓美病逝于河南胡家屯治河工地，终年六十三岁。

道光皇帝听到栗毓美去世的消息后，十分震悼，"遗疏入上震悼"。下谕旨："河东河道总督栗毓美，持躬端谨，办事实心。自擢任河督以来，慎厥修防，安澜奏绩……河工剧要，倚畀方深，遽闻溘逝，殊堪悼惜。"并说，"栗毓美办事实心，连年节省帑金数十万，一旦病故，诚为可惜。伊因办理公事，致临终无亲属一人在侧，尤为可悯。"

在御赐祭文中，道光帝高度评价了栗毓美的丰功伟绩，抒发了对栗毓美的深切缅怀之情。

"朕维河流顺轨，宣防重匡济之才，海若安澜，疏瀹仰怀柔之绩……久邀特达之知水利，凤谐聿重修防之任，娴泄滞通渠之法，四渎安流。策导源陂泽之功，九州底绩。风清竹箭，消雪浪于荡平。地固苞桑，速云舻之转运。"

著名民族英雄林则徐亲为栗毓美撰写了墓志铭。他在两千多字的文章里，深情地歌颂了栗毓美一生的光辉业绩和高尚的人格魅力，寄托了栗毓美去世后，道光皇帝高度评价了栗毓美一生的丰功伟绩。图为协办大学士、吏部尚书汤金钊手书恩旨碑。

无限哀思与怀念。文中最后作铭赞道：

帝任之专，公肩之力。

财殚篝荛，虑沈炼錾。

五载试行，厥功已丰。

北流不复，永式栗公。

时寓京城的大学者、平定人张穆也为栗毓美撰写了墓志铭，称其"劳绩炳然，乃当代伟人"。

栗公墓神道碑铭更是给予极高评价：

恒山极天高峩峩，龙泉风虎星骈罗。

磅礴积气钟灵多，伟人特起扶皇柯。

寰中巨患阳侯波，篝荛下楗徒奈何。

公奋勇力驱蛟鼍，以甓代石无殊科。

物穷必变理则那，闻者咋舌惟婵嫛。

疏写终使冯夷和，九重倚畀神护呵。

功成庙食民登歌，巫阳下招众滂沱。

云车风马来游河，玉缨琼弁垂髟髿。

灵蚪蜿若缀佛螺，幽宫虽阒光自它。

佳城式卜山之阿，丰碑屹峙文不磨。

在栗毓美墓汉白玉牌楼两侧有一副歌颂栗公的楹联写道：

伟绩著宣防，传列名臣，瑶阙星辉分昴毕；

巍阶尊保傅，神安永宅，玉华云气护松楸。

　　这副楹联表达了人们对栗公伟绩光照千秋的敬仰，希冀栗公神灵永保人民安康。

　　河南、山东黄河流域人民对栗公之死如丧考妣，无论是"绅耆、兵民、妇人、孺子及无靠穷民莫不感痛泣下"。当"灵輀由胡家屯移于省垣暂安，沿途哭奠，外邑士民远赴殡次，致祭者数旬不绝"。就连曾对栗毓美生前有成见的一些同僚官吏，亦闻之流涕，可见感人至深。

　　为了纪念栗公，表彰他的功绩，朝廷批准入祀国家名宦祠，祀于祠堂、大王庙或书院，并建专庙供奉。栗毓美不仅成为官宦士族学习的榜样，而且被人们神化，最终走上神坛，成为人民膜拜、景仰的偶像。

入祠供奉　御赐祭葬

　　栗毓美去世后，朝廷给了他崇高的荣誉。《清宣宗实录》记载，道光二十年（1840年），"赠故河东河道总督栗毓美太子太保，予祭葬，谥恭勤，赏其子燿进士。"道光二十一年（1841年），"予故河东河道总督栗毓美入祀名宦祠，从河南巡抚牛鉴请也。"

　　由于朝廷的重视，加之地方官员出于对栗公的敬重和景仰。河南、山东许多地方纷纷将栗毓美入祠供奉。济宁州奉木主祀于大王庙及任城书院，宁陵县吕氏暨绅民奉主祀于吕新吾先生祠和二贤祠，襄城县祀于汤文正公祠。祥符、宁陵、西华、武陟、原武、阳武、安阳等栗毓美任过职的县里，有的入名宦祠祭祀，有的建专祠。光绪六年（1880年），道宪潘观保又在武陟县专门创修了一座栗大王专祠，规模较大，其中大殿三间，拜殿三间，舞楼一座。到了光绪二十二年（1896年），武陟县知县孙叔谦又在该县八蜡庙附建了栗大王专祠。山东济宁士民与兵丁分建栗公专祠，还将栗毓美奉木主于报功祠，并入祀学校报功祠。

值得一提的是道光皇帝御赐祭葬，这是清代封疆大吏目前保存下来

栗毓美墓是清代大臣墓中规格较高的一座，
颇有皇家风范。此图为栗毓美墓南启门。

的墓地规格和艺术价值极高的一座墓。

栗毓美墓坐落在山西省浑源县城东北隅，面对恒山，背依浑河。整座陵园建筑气势恢宏，汉白玉石雕精工细作，书法石刻艺术丰富多彩，历经一百七十多年，现仍保存较完好，2006年6月被列入全国重点文物保护单位。随着旅游业的日益发展，栗毓美墓作为一处重要的人文景观已成为大同著名的旅游景点。

栗毓美墓（俗称栗家坟），占地面积近1万平方米，布局规整，庄严肃穆。据墓内《先恭勤公新阡记》碑记述：

整个墓域为南北长方形，长84步2尺（约141米），宽37步1尺（约62米）。墓门遥对恒山主峰，为仿木建斗拱牌楼式建筑，门楼上方镶嵌汉白玉雕刻牌匾，上书"栗氏佳城"四个大字。

此门称为南启门，门外东西两侧为两座碑亭，各有一通高达四米多的汉白玉碑。

东为"神道碑"，篆额"栗公神道碑铭"六个篆字为光禄大夫、太子太保、南书房翰林、大学者阮元所书；碑体铭文为资政大夫、翰林院侍读学士、江南才子彭邦畴撰写；碑文由光禄大夫、户部尚书、南书房翰林军机大臣、大书法家祁隽藻书丹。此碑堪称额、文、书三绝，为珍贵的艺术瑰宝。

西为"恩旨碑"，即道光皇帝褒奖栗毓美的圣旨。碑头篆刻"纶音"，因皇帝的诏令称纶音，"王者如纶"，故又名"纶音碑"。碑文为协办大学士、吏部尚书汤金钊所书，也是少有的书法瑰宝。

穿过南启门进入前院，迎面是一座巍峨壮观的汉白玉石牌坊，即牌楼。为三门四柱，中门高、旁门低。中门最上方为一座牌位式刻花石雕，上书篆刻"谕赐祭葬"，两旁为面对面的四个石雕狻猊以及石雕云头和火焰。牌坊正中上刻"宫太保河东河道总督栗恭勤公茔"，旁门两边分别刻有"崇祀名宦""崇祀乡贤"。中门两边石柱镌刻一副楹联；右联为：伟绩著宣防，传列名臣，瑶阙星辉分昴毕；左联为：巍阶尊保傅，神安永宅，玉华云气护松楸。牌楼前面，即与南启门之间有一汉白玉雕栏石桥，名曰"延泽桥"。桥之北左右各立汉白玉华表一座，遍体为云纹装饰，上面蹲兽为狮子，雕工精美，富丽堂皇。

两侧华表的北面各有碑亭一座，内有巨碑。左为"谥法碑"，是朝廷赐予栗公的称号，谥以"恭勤"；右为"谕祭碑"，为道光皇帝的祭文，由太子太保、两广总督祁墇所书。东西循墙有房舍五楹，称为"视溅所"，为祭祀者休息洗濯之所。

从石牌坊北行八步，为墓的中门。中门三楹，台阶、基座、前柱均为汉白玉雕刻而成，辅墙如鸟翅张开，人称"八字墙"，一对汉白玉狻猊分踞左右。东西两侧各设角门。

这是栗毓美墓前院的基本布局。穿过中门进入后院，即为墓地内域。

内域中间隆起的砖铺甬道为二十八步（约47米），两旁列有石羊一对、石虎一对、石马一对、文武人像各一对，这十尊石像生，姿态生动，为雕刻上乘之作。甬道尽头为三室三阶的祭厅，名为"永怀厅"，是祭拜栗公之处（有栗公半身石雕像）。北行十五步（25米），便是栗公墓。墓封土为圆丘，基底及周围用汉白玉砌成。按清廷定制，墓台高二尺五寸，封土堆高一丈六尺。

栗毓美墓是我国清代大臣规格极高的一座墓园。无论是华表、碑亭、汉白玉的石质、工艺，以及档次，还是石像生的数量均十分罕见。据有关学者考证，许多地方属破格建造，与亲王墓齐观，颇有皇家风范。

拜为河神　封为大王

我们中华民族有五千年的文明史，产生过极其辉煌灿烂的古代文化。应该说，其中的神祇文化，也是我们祖先留下的优秀文化遗产的一部分，它与我们民族的灿烂文化一样绚丽多彩。

在我国古老文化中，对黄河的崇拜较早。《公羊传》曰："三望者何？望，祭也。然则曷祭？祭泰山、河、海。"河，即指黄河。河神，即黄河之神。

黄河神本来是一位自然神，起初是一个非常抽象的神学概念。从我国早期的文献中可以看到，它叫河伯。后来，在传统的河神信仰上，人们创造了人格化的河神。早期的有冯夷、大禹。这在《搜神记》里记载得很清楚，"冯夷为河伯"。大禹是我们上古的治河英雄，《历代神仙通鉴》和《水经注》《山海经》等众多的古籍中都有记载。

尽管这两位河神都是传说中的人物，但在帝王们的眼中却是国家级大神，为其封王，并作为国家祭祀大典，岁时派官员祭祀。《史记·封禅书》云："及秦并天下，令祠官所常奉天地名山大川鬼神可得而序也。水曰河，祠临晋。"即在临晋地方，建河神庙，祭祀河神。汉宣帝神爵元年（公元前61年），朝廷规定，黄河一年祭祀五次，都是皇帝派使者持节赴临晋河庙，主持祭祀。到了唐玄宗天宝六年（747年），封河神为"灵源公"。宋仁宗康定元年（1040年），则加封为"显圣灵源王"。

元顺帝至正十一年（1351年），又封河神为"灵源神佑宏济王"。

这种河神信仰在明清时期达到了巅峰，形成了空前的繁荣，不仅把祭祀河神作为国家大典，而且将一些生前为人正直、治河有功的人封为河神予以祭祀，使河神信仰在民间得到极大普及和认同，以致在黄河流域，尤其是中下游的民间形成了一种习俗，并深深植根于人们的心中。

据有关史料记载，明代时，朝廷首封宋人谢绪为"金龙四大王"，把他奉为黄河之神。据说，此神曾助朱元璋打败元军，并在黄河沿岸时常显灵，庇佑百姓免受水灾淹没。因谢绪曾在金龙山隐居，排行为四，故敕封"金龙四大王"。

到了清代，由于水灾频仍，河南沁河（号称小黄河）、漳河、中牟河泛滥成灾。有关资料显示，仅顺治至乾隆年间，黄河决溢高达五十余次，使人民的生活和生命财产遭受严重摧残。因而，黄河神信仰更加盛行，金龙四大王受到追捧，从顺治开始，历代皇帝几乎均给予加封。

顺治三年（1646年），敕封金龙四大王为"显佑通济金龙四大王之神"。此后，康熙、乾隆、嘉庆、咸丰、同治、光绪皇帝均有加封。其中同治年间竟加封了八次，在同治七年（1868年）一年内连续加封三次，这是史无前例的，足见黄河神崇拜的隆盛。

金龙四大王遂在黄河中下游成为人们普遍信仰的黄河神。江淮一带至潞河，无不建有金龙四大王庙，"诏滨河州县皆为王立庙"，不仅民间祭祀，也享受国家祭祀。

雍正是位雄心勃勃的皇帝，鉴于其父康熙帝"河涨河落，维系皇冠顶戴；民心泰否，关乎大清江山"的告诫，为了治理黄河水患，御祭河神，他虽未封金龙四大王，却标新立异，做了一项超乎其常的决定，即在黄河水害频发的武陟县修建天下河神龙王的总庙——嘉应观，并将历代治河有贡献的众多英雄人物作为河神全部请入庙中，成为此后清代帝王祭祀河神、封赏治河功臣规格最高的中心（栗毓美去世后，也在此观中大殿作为主祭供奉）。

在嘉应观有块御祭铜碑，反映了雍正皇帝建庙的初衷，黄河在武陟决口，关系国计民生甚剧，堵筑坝口成功，建庙祭河神封功臣，为使黄河安澜，确保国泰民安。

雍正帝为了彰显河神的神威煊赫，赐河渎为"润毓"，并亲撰《告河神文》。在雍正五年至十一年间，先后派钦差大臣到嘉应观御祭河神四次。

为了祭祀历代治河功臣，雍正皇帝在水灾频发的河南武陟县敕建嘉应观。栗毓美去世后，被请入殿供祀。嘉应观现已成为全国重点文物保护单位。

121

在这种氛围下，祭祀黄河之神，不仅是黄河流域中下游民间的普遍信仰，也成为国家祭祀的惯例，一般在霜降后，奏庆安澜，例祀河神。

栗毓美作为河防最高长官，生前曾多次代表朝廷祭祀黄河神。《清宣宗实录》记载："河东河道总督栗毓美奏报秋汛安澜，命诣河神庙祀谢。"

从有关史料中我们看到，祭祀河神是一项非常认真、隆重的国家大事，有一套完整的程序，包括祭品、祭仪。这里有一份记录祭祀大王庙河神的仪式，现抄录如下，以供研究民俗和宗教的学者参考。

祭仪：祭日，主祭官衣蟒衣。礼生禀请行礼。至盥洗所。盥洗毕，引至殿内行礼处立。通赞唱："执事者各司其事，主祭官就位，陪祭官各就位。"瘗毛血迎神，行二跪六叩头礼，兴。"行初献礼"。引唱："诣酒樽所"，司樽者举幂酌酒。"诣神位前"。跪，进帛，进爵，叩头，兴。"诣读祝位"。跪，众官皆跪。读祝，毕，叩头，俱兴，复位。通赞唱："行亚献礼"，如初献仪。"行三献礼"。如亚献礼。通赞唱："饮福受胙"。引唱"诣饮福受胙位"，跪，饮福酒，受福胙，叩头，兴。谢胙，一跪三叩头，兴，复位。通赞唱："撤馔，送神，"行三跪六叩头礼，兴。司祝者捧祝，司帛者捧帛，各诣燎所。引唱："诣望燎位"。焚毕，揖，复位，礼毕。

钦定祭文一道："维神德洋寰海，泽润苍生。允襄水土之平，经流顺轨；广济泉源之用，膏雨及时。绩奏安澜，占大川之利涉；功资育物，欣庶类之蕃昌。仰藉神庥，宜隆报享。谨遵祀典，式协良辰，敬布几筵，肃陈牲币。尚飨。"

由于河神信仰的盛行，加之栗公治河享有很高的威望，为他日后在民间和帝王心目中奉为河神奠定了基础。

《礼记·祭法》说："有功德于民则祀之；以死勤事则祀之；能御大灾则祀之；能捍大患则祀之。"在这种正统思想影响下，历史上常将生前有这种大功大德的人物，死后便尊为神，设庙祭祀，一则可永记他们的功德，再则企盼他们的英灵继续为后人造福。

无疑，栗毓美已具备了上述大功大德。应该说，把他奉为河神是顺理成章的事。但上述只是个理论依据，真正的动因，除了清时河神信仰极为盛行是重要原因外，更主要的一点是在他去世后，适逢黄河连续三年决溢，这种背景为他成为河神提供了契机。

栗公于道光二十年（1840年）二月去世后，第二年六月，也就是道光二十一年（1841年）六月，黄河祥符汛发生漫口。《清史稿·河渠志》记载："六月，决祥符，大溜全掣，水围省城。"而当时的河东河道总督文冲因治河不力被革职，并枷示河干。人们联想到栗公生前连续五年治河而河不为患，百姓平安。刚一离世，黄河肆虐，人民遭受灭顶之灾，"惟公存澜安，公殁河决"。于是渴望栗公英魂不散，继续庇佑他们，为他们祈福。正是在这种双重影响的情况下，栗公得以走上神坛，成为人们崇拜的河神。

据清梁恭辰《北东园笔录》记载：

> 栗公去世的第二年，在河工抢险之处，"忽有少年大呼曰：'当拆南城楼砖瓦，填塞某处。'如法行之，见金甲神涌大溜，改道旁走，人皆谓之公之灵佑。公生平治河得力于砖工，故身后显灵，仍令用砖也。"

这则故事表明，在黄河抢险的危急关头，人们想起的还是创造抛砖筑坝的栗公治河功绩。他之所以治河五年，未发生黄河决溢，主要是砖工之效。这也是人们对栗公治河卓越贡献的肯定和认可，同时，也表达了人们对他的怀念、崇拜。

另一则记载则反映了人们沿用河神祭祀的惯例，在抢险的工地上，把栗公当作河神看待，并为之欢呼雀跃。

"栗毓美去世的第二年，开封张湾黄河决口。在柳园口堵口时请大王，有一条栗色小蛇，见盘不登。众人以各河神封号祝告再三，仍不登盘。忽有人灵机一动，脱口而出：'你是栗大王！'栗色小蛇应声登盘。工地一片哗然，纷纷传说河督栗毓美已成河神。"

《栗公神道碑铭》（现保存于栗公墓）也记载了这样类似的说法。

"河南会城西北之张家湾向无工段，……祥工漫口，河溜直冲，城畿不保。正危急间，官吏忆前所示方略，因默祷于公，果著灵贶。仍赖旧坝稍杀其势，城乃获全。于是万口同声以公为河神，肖像以祀，且达于圣听。"

这是河神信仰在黄河抢险中的具体体现。这种特定的环境，成就了栗毓美为河神。

清陈康祺《郎潜纪闻》卷十一云："国家怀柔百神，河神载在祀典，每遇防河济运显灵。经历任河漕两督奏于常例外，颁赐藏香，复请赐封赐匾有差……至朱大王即河督朱之锡，栗大王即河督栗公……河神助顺，必先有水族现行，河漕各督即迎之致祭。其朱色者，众以谓之锡；栗色者，众以谓之毓美也。"

这段论述记载了栗毓美成为河神的情况。

有关栗毓美成神的过程说法很多，栗公生前好友梁恭辰在《北东园笔录》中写道："相传黄河工次，金龙四大王每幻为蛇身出现河上，官民皆能识认。近年有栗色者，各官环拜，或免冠于地，而跪祷之曰：'如公有灵，即上吾帽'。乃盘旋于帽。少顷，即不知所往。"清人陈其元在《庸闲斋笔记》中记载得更为具体。他说："公（指栗公）殁之明年，河决开封，各官昼夜堵筑。当合龙之际，河工忽来一蛇，众欢迎之。盖河将合龙，河神必化蛇至，有黄大王、朱大王、齐大王等神，老年河工见蛇之色，而知为某某，当称其号，以金盘迓之，蛇即跃入，以河督肩舆迎之庙中，祭赛数日，俟龙合，蛇乃不见。是役也，蛇作灰色，非向所见者，历祝以'某某大王'，均不为动，众人大惑。

　　"巡抚牛公鉴闻之，至河滨，一见咤曰：'是栗大人耶！'蛇遂跃入盘中。越日不埽，平安蒇事。

　　"众问巡抚曰：'何以识为栗公耶？'

　　"曰：'栗公项下有白癜风，周围似玉，我见此蛇颈有白圈，疑是渠化身，呼之而应。渠真作河神矣！'

　　"于是奏请，以公列入河神祀典。"

　　今人张金库在《栗毓美是怎样登上神坛的》一文中说："栗毓美去世的第二年，开封张湾决口，洪水围困开封城。在守城抢险最紧张的时刻，人们幻想借助'神'力战胜黄河。于道光二十一年（1841年）七月十九日，'北门内接河神。神，故河道总督栗恭勤公也。接之者为生员宋佩绦及其兄佩缘、满营生员额勒钦等。神身长尺二寸，细如大炷香，方首肉角，额金色，杂以朱斑，口缀两白须，浑身错采如五纹朝衣，在当路泥潦中。一老者见之，知为河神，鸣之佩绦等。佩绦等洁木盘覆以黄纸，跪请之。

历祝谢、黄、朱各大王，卒不登盘。时阖城居民纷纷传栗恭勤公为河神已有日矣。'额勒钦曰：'其栗恭勤公乎？'神随升盘。置盘于几，焚香跪拜已，奠以茗则俯而饮。饮毕，佩绦以所戴冠置几中，即趋而盘于其上，昂首向外，高二寸，不复动。于是众人以與送往大王庙，将及庙门视之，犹盘故，至则转瞬不复见矣！'这是栗毓美登上神坛的偶然机遇。后经上奏，敕封：'诚孚大王'，正式成为国家级河神。"

关于栗公成为河神还有一些传说。据河南扶沟县栗大王庙内保存的一份《栗大王传说》云：

嘉庆十八年（1813年），栗公任西华县令时，当地曾突遭洪水侵袭，水势汹涌，迅逼城垣。栗公命其紧闭城门，组织防汛。不料因水陡涨，淹至城内，满城号啕，惊慌万状。

栗公遂向河神祷告："西华城池乃弹丸之地，下官治下，农耕于野，商贾于市，连年生平，无越图发人情。纵有不轨之处，应责县令，与百姓无关。如欲惩罚，吾一人承当，乞恕众生，虽死无怨。"

祝毕，先将乌纱帽摘下掷于水中，帽仍在原处旋转，水流不退。栗公叹曰："此天意也。"遂纵身入水，水骤落，稍时退尽。人们遍寻栗公遗体未果，却发现其帽中盘卧一铁青色七寸小蛇，引颈举首向众人示意。

人们顿时醒悟，栗公功德感动于天，已成为河神大王，遂供拜。

在宁陵县，有关栗公的传说更多。

据当地学者马学庆在《"大水不淹宁陵县"的传说及历史真相》一文中记述：

"相传，黄河水来，栗大王跳入水中，水退至脚下。栗往前走，水

从治河名臣到跻身河神行列，栗毓美完成了由人到神的升华，黄河中下游沿岸百姓纷纷建庙祭祀"栗大王"。图为河南宁陵栗大王庙塑像。

往后退，直至平安无恙。

"义传，栗大王因黄河上涨，先扔鞋子，后殉河而死，以身报国。

"再传，有一年仲夏，大雨滂沱，连下数日，黄河决口，宁陵县的百姓性命难保，叫苦连天。在这种情况下，不少人面对滔滔黄水，焚香叩拜，祈求栗大王显灵，解除百姓的水灾之苦。说也奇怪，正当人们祈祷之时，从水中钻出一条色彩斑斓的小蛇，昂着头向人们游来，在场的人无不喜出望外，人们认为这条小蛇就是栗大王化身。于是，便小心翼翼地把这条小蛇从水中捞出，放入盘中，置于桌上，加以供奉。果然不几日黄河水下落，全县人民得救。

从此以后，每逢降大雨或干旱年份，人们只要见到相仿的小蛇，就把它奉为栗大王加以供奉，周围的群众都来烧香磕头。有些集镇、农村还要唱神戏，并在戏台前搭一神棚，把栗大王请来受香火，与百姓同乐，祈求他保佑宁陵百姓永远不受水患。"

这些传说均源于栗毓美生前治河的地方，从另一个侧面反映了栗毓美治河的卓越贡献和对人民的无限热爱，同时也体现了黄河流域广大人民对他强烈的怀念和崇高的敬仰。

《栗大王庙碑》的一段颂词，表达了人们的这种心愿，词曰：

> 公之德兮，水盈豫州之泽兮。
>
> 公之神兮，呵护豫州之民兮。
>
> 公乎其来兮，天上狂澜须回兮。
>
> 公乎其去兮，盖莫不如泣而如慕兮。
>
> 将迎神送神群歌以此兮。
>
> 云旗风马纷纷河之涘兮。
>
> 比之金龙大王公之行次其亦四兮。
>
> 悠悠黄河我公之庙祀，其千秋而禩兮。

从治河名臣到跻身河神行列，栗毓美完成了由人到神的升华。尽管各家在记述栗毓美走上神坛的过程略有差异，但人们把他奉为河神是铁定的事实。以致到了后来，清廷正式敕封为河神，并请入国庙——嘉应观，享受国家祭祀。

据《豫河志·祀典》记载："同治十二年（1873 年），奏准原任河东河道总督栗毓美於郓城金龙四大王庙内添置神位附祀。"

这是栗毓美被国家正式列为河神之始。此后，皇帝屡屡加封。尤其光绪皇帝，上任伊始，便加封栗大王，而且五年内加封了三次。

栗毓美受到皇帝敕封如下：

同治十三年（1874 年）：敕封诚孚栗大王。

光绪元年（1875 年）：加封诚孚普济栗大王。

光绪二年（1876 年）：加封诚孚普济灵惠显佑栗大王。

光绪五年（1879 年）：加封诚孚普济灵惠显佑威显栗大王。

清光绪年间，由东河署专门编辑成《敕封大王将军传》一书，将皇帝敕封的六大王、六十四将军载入。后有人又将金龙四大王、陈九龙将军等河神的黑白画像七十幅及金龙四、黄、栗、朱、宋、白六个大王的化身（蛇）彩色画各一帧，辑成《敕封大王将军像》一书（河南郑州市黄河博物馆现有展品）。

在国曰"河神"，民间曰"大王"。

栗毓美被敕封为黄河四大王之一，于是黄河中下游沿岸纷纷建庙祭祀。清《续修宁陵县志》记载：栗公"封巡河大王立庙"。《重修原武县志》也记载："河神之首见封敕，而崇祠祀者有金龙四大王。明太祖曾亲制词赞，立庙致祭。其后若黄、若白、若朱、栗类皆有功德于河，膺封敕。明讫清，相沿建庙，列祀典。"这里的"栗"即为栗公。

栗大王庙从有关史料来看，当时沿河岸边建的很多，早期民间自发地建庙，"争立庙于河上"。到后来，清廷正式封为河神，民间与官方建庙更为普遍，但迄今多数已遭毁坏，尤其塑像更是寥寥无几。目前尚存的除嘉应观保存有蜡像外，尚有扶沟县三官庙、宁陵栗大王庙、武陟栗大王庙、原阳栗大王庙等。

这些庙现仍有栗大王塑像，并供人们奉祀。

河南周口市扶沟县城东贾鲁河西岸有一座三官庙，供奉天、地、水三官。当地人因信奉和崇拜曾任西华县令的栗公，于是将水官作为栗大王奉祀，竟取代了大禹的位置。

据看庙的居士李满介绍，原三官庙始建于道光年间，位于斗虎营村口路西南处，后经水灾毁坏。现庙为当地村民1994年重建，并于1998年在院内复建栗大王庙，内供奉栗大王夫妻塑像，尊称大王爷和大王奶奶。院内尚存古碑一块，据说是道光年间修建栗大王庙时所立。此碑现已残缺，字迹剥落。其他五块碑为今人所立，记述了修庙及布施情形。

河南商丘市宁陵县曾于道光二十年便建有栗大王庙，这应该是栗毓美去世后较早的一座栗大王庙。《宁陵县志》记载，此庙雄伟壮观，有大殿三间，配殿三间，东厢房六间，西厢房三间，大门门楼一间，面积1.5公顷。大殿内有栗大王塑像，前面两侧塑有童男童女，西男东女及立鹤。东厢房一间塑有城隍爷神像，三间塑有吕洞宾坐像，身着道服，背剑，剑上挂着两个宝葫芦。厨房两间。西厢房塑有弥勒佛坐像，高1.5米，两侧各两个菩萨童子，高1.7米。门联是"大肚能容，容天下难容之事；慈颜常笑，笑世上可笑之人。"

这座栗大王庙是典型的三教合一庙。据说，来这里朝拜的人络绎不绝，香火很旺。更为神奇的是，自庙建成后，宁陵再没有遭受水淹。

此庙曾在咸丰年间被太平军拆掉，后经山西商人按原庙重建。现庙院已为城关回民小学所占，原庙仅存的三间房子破败不堪。

由于当地人们特别信奉栗大王，鉴于上述情况，2006年该县观音寺两位法师和二十多名居士，将栗大王从大王庙请到了观音寺，并为其重塑神像，举行了隆重的开光仪式。

现在的栗大王庙面积不大，内供财神爷、关帝、栗大王、城隍爷四位神像。重建碑记为原县志办主任刘振海所撰，他曾专门到浑源栗家坟考察，并与县志办主任狄金柱进行学术交流。回去后，为该庙立碑撰记，碑的另一侧则是从浑源栗毓美墓抄录的道光皇帝的圣谕文。

2011年，河南省宁陵县制订了旅游发展总体规划（2011年—2025年），将栗大王庙列入二级人文资源，并作为"中国葛天文化之乡"历史文化资源予以开发。

按照这一规划，2014年，宁陵县成立了栗大王庙筹委会，并新建了一座栗大王庙。该庙位于乔楼乡秦庙村，占地十亩。目前主体工程已竣工。据负责建庙工作的居士赵春花介绍：大庙面积二百七十平米，供奉的栗毓美塑像高三米，塑像高大威武，慈祥中夹有威严。两边为侍者：西边为马弁，东边为幕宾。墙壁绘有八幅栗毓美故事壁画，即：宁陵赈灾情、抛砖筑河坝、桃园关跳河、编校吕坤书、拒收吊丧金、宁陵城挂靴、敕建大王庙、恩泽佑百姓。宁陵县志办主任马学庆说："栗毓美是我们县的文化符号，我们将来要把这里作为民俗文化、宗教文化、黄河文化、旅游文化、廉政文化教育基地，弘扬栗毓美精神，展示宁陵厚重的文化。"

在原阳刘固村有一座栗大王庙，现辟为黄河治理纪念馆。该庙于1994年修复，内供大禹、栗公、刘统勋三位治河功臣，塑像为新塑。原阳县政府办公室副主任李中文告诉我们，这里有块复制碑为道光十六年（1836年）当地人民为栗毓美治河立的功勋碑，上面记载了首次抛砖筑坝的情况。另一块碑为原文管所所长李斌所撰文，记述了栗毓美在原阳治河情况。

原阳还有一座大王庙，现为黄河博物馆。后面为金龙大殿，供奉五尊河神（泥塑），中为谢绪，左为大禹、朱大王，右为黄大王、栗大王。两边有壁画，有栗毓美治河用砖图案。这里曾有栗毓美亲自撰写的治河碑。据原阳文管所所长李婵讲，原来两块碑，最早在黄河大堤南面老百姓修的庙里，后建学校当了垫脚石，文物普查时，发现此碑，拉回保存在文管所。此碑由栗毓美撰写治河情况，林则徐书丹，很珍贵。李婵说：她正学习拓片技术，把这块碑拓下来，好好研究栗毓美治河的历史，铭记他的功绩。老所长李斌说，由栗公的碑文，我们知道了当时治河的真实情况，栗公在当地人民中的口碑特别好。

武陟县姚旗营西营村有座大王庙，始建于明代，后毁。1983年群众集资重建，现有栗大王塑像，当地人们沿袭下来每年九月十七日祭河神的习俗。当地文化学者王小片告诉我们，平时有重大喜庆日子，都要到大王庙告祭。我们去考察时，正逢当地群众三四十人敲锣打鼓告祭河神。

此外，尚有几座比较著名的栗大王庙，但现在仅存其遗址。

一座是栗毓美首次抛砖筑坝之处（阳武第五堡）。

据《第五堡栗大王庙碑记》载：此处旧有大王庙，光绪二十二年

（1896年），河南分守彰卫怀兵备道冯光元奉命修防。他见大王庙油漆颓污，并有损坏，遂捐俸，属下卫粮通判李君云集款修葺。庙修好后，冯光元写了碑记。他怀着无比崇敬的心情说："光元未晓河防，常读公之遗书，心焉响之。"并表示要以栗毓美为榜样，"搴茭歌瓠，日不遑息"，把河治好。

据李中文讲，该庙现已不存。

另一座是黑岗口险工之处（开封市）。黑岗口是著名的险工。栗毓美于道光十六年（1836）曾在这里盖坝上筑砖坝，并在埝上筑砖垛，这是开封用砖治河的开始。栗毓美去世后，后人专门在这里建了一座栗大王庙。据有关资料记载，该庙共有房屋九间，大殿内塑有栗毓美像，身穿朝服，头戴官帽。惜民国时期庙宇被拆毁。

第三座是开封市内建的一座最大的栗大王庙。光绪二年（1876年），在开封相国寺西侧兴建了一座规模宏大的栗大王庙。"大庙五楹，庙前明厅，左右官廊十间，大门三间，楼阁俱备。二门三间，僧房斋室十数间。庙中神龛、仪仗、锦幔、彩幡悉具。绚以金碧，饰以丹漆，凡费金钱万三千有奇。"有关资料记载，该庙共有房屋二十六间，并建戏楼一座。山门上悬挂着御书"金堤保障"匾额，庙宇金碧辉煌。此庙在民国时冯玉祥将其改建为人民会场，现名人民影剧院。

上述可见，栗大王庙几乎遍布河南黄河中下游沿岸，并在民间享有广泛的影响，成为人们最为虔诚崇拜的河神之一。更令人瞩目的是，他不仅在民间享受祭祀，而且被朝廷供奉在国庙——嘉应观，享受国家祭祀。

嘉应观位于河南省武陟县东南十三公里，是黄河流域迄今保存最完好、规模最宏大的河神庙，也是全国唯一祭祀历代治河功臣的庙宇。俗称庙宫、龙王庙。

该庙始建于清雍正元年（1723年），为仿故宫建造，集清代官式建筑艺术之大成。整个庙院分南北两大院，占地面积近九顷。主体建筑分三进院落，中轴线上有：山门、御碑亭、前殿（前院）、中大殿（中院）、禹王阁（后院）；两侧有东、西配殿以及钟鼓楼等。加上东西跨院的河台、道台衙署等，总计现有房二百多间。它是一座集宫（行宫）、庙（河神庙，主殿供奉御封四家大王，其中有栗公；东西配殿供奉十位龙王，其中有林则徐）、衙（东跨院为河台署，栗毓美生前曾在此办公，西跨院为道台署）三体合一的全国独特的清代官式建筑群。

中大殿，又名金龙殿，为嘉应观供奉河神的主殿，位于前殿（拜殿）之后。面阔7间，进深4间。长24.01米，宽12.77米，起架高约15米，是故宫太和殿的缩影。

殿内高悬雍正皇帝御书"洽德敷仁"龙匾，匾额下供奉有雍正二年（1724年）"钦赐润毓"的万岁牌。两旁供奉御封四家大王，即：南宋的金龙四大王谢绪，明代的黄大王黄守才，清代的朱大王朱之锡和栗大王栗毓美。据嘉应观书记翟嵩峰介绍，栗毓美塑像原为泥塑坐像，新中国建立初期被毁。1992年12月，有关部门请雕塑专家用蜡像复原，蜡像手法细腻，栩栩如生，现保存完好。

嘉应观现为全国重点文物保护单位，省级爱国主义教育基地。有许多党和国家领导人曾到这里视察，缅怀治河功臣。

端午祭祀　已成风俗

端午节是中国人民的一个古老的节日，也叫端午、端阳、重五。

每逢端午节（农历五月初五），人们都要吃粽子，南方还有划龙船的活动，后来发展成赛龙舟。过端午节，其中一个重要原因与我国伟大的浪漫主义诗人屈原有关。屈原是战国时楚国人，也是一位刚直不阿的朝廷大臣，他热爱自己的国家，敢于直言，可是他的忠言并没有引起国君的重视，反而遭到奸臣的攻击。他在所著《离骚》中倾诉了自己忧国忧民的心情。后来，楚国遭到秦国攻占，他悲愤万分，投汨罗江自尽。

屈原死后，当地人民纷纷划上渔舟沿汨罗江寻找他的遗体，以葬之祭奠，但没有找到。屈原殉难的这一天是农历五月初五，人们非常怀念他，于是在这一天常用竹筒装上米投到江中，祭奠屈原。后传说这样的米饭常被水族的鱼虾吃了，人们便用箬叶（竹的一种）包饭，做成尖角的菱角形状，鱼虾见了就不再吃了。这是流传甚广的吃粽子、划龙船的端午节来历。

其实，人们把端午节与屈原联系起来，反映了人们尊崇高风亮节、爱国爱民的英雄人物，也反映了伸张正义、追求真理的愿望。

不知从何时起，浑源人民在端午节这一天，纷纷走进栗毓美墓园瞻仰凭吊，表达他们对栗毓美的尊崇和缅怀，寄托无限哀思。

一位县人民医院的职员赵桂梅，她向栗毓美墓极为虔诚地深深地鞠了三躬。她说："很早以前的端午节，我曾随着人潮涌进过栗大人墓园。

在端午节这天祭祀栗公，已成为山西浑源人民缅怀先贤、寄托哀思的一项重要活动。

在我们当地人心目中，栗毓美同屈原一样伟大。我在想，人生在历史的长河中只如流星一闪而陨，如何使短暂而匆促的生命亮丽而辉煌，长眠于地下的栗毓美大人对此做出了最好的诠释。他惩恶扬善，为劳苦大众创造安康幸福，永远全心全意为人民服务。我自然地把栗毓美大人同焦裕禄、孔繁森联系起来，觉得他们普通而高尚，平凡而伟大。"

　　浑源师范教师董奎品站在栗公墓前认真地思索着。他说："栗公在任内勤勤恳恳、兢兢业业地为国为民，从中体现出民族精神的光华、优秀文化传统道德的延续和发扬。我们现在的干部难道不应该得到一点启示吗？"

赵杰，曾是浑源中学的老书记，他不无感慨地说："凡是为国为民建功立业的人，人民永远敬重他；凡是心里装着广大人民群众的人，他也必将永远活在人民群众的心中。"为了在青年学子中树立爱国敬业、报效国家的思想品德，赵杰专门编写了七千多字的栗毓美资料，在《浑中教工》中刊登传播。

浑源县三晋文化研究会会长陈学锋说："栗毓美是我们浑源人的骄傲，我们不仅应该向他学习，更应该弘扬他的精神。我在主编《三晋石刻大全·大同市浑源县卷》中，用了二十多页的篇幅，收集珍藏了栗毓美墓石刻。在现存的十七件石刻中，不仅荟萃了一代书法、祭文之大全，同时也记载了栗毓美的丰功伟绩。遗憾的是林则徐为栗公撰写的近三千字的墓志铭碑现在不知去向。今后，我们应该在挖掘、传播栗毓美乡贤文化上多做贡献，让他的精神发扬光大。"

曾任县水利局局长的董明泉，是一位热心传播浑源文化的人士。他说："我对栗大人非常敬仰，一到端午节都要前来祭拜。栗毓美不仅是著名的水利专家，而且是一位好官。他廉洁奉公，为人民服务，忠于职守，在今天仍有现实意义。"为了将栗毓美形象和李峪青铜器电视剧搬上银幕，董明泉多次自费带领有关人员到北京、太原奔波。他说："在栗公精神感召下，我也想为浑源的文化传播做点事情。"

大同市著名人文学者力高才拜祭栗毓美后，感叹地说："栗毓美一生为国为民，他的廉政思想、治河功绩以及严于律己的优秀品质是封建社会为官的楷模，可惜我们对栗毓美深入研究较少，大同的文化人士应该好好研究他，传播正能量。"力老作诗赞道：

毕生奋斗为安澜，屡驯黄龙入海湾。

矻矻孜孜继大禹，长留风范两仪间。

　　大同市民俗学者赵佃玺，曾出版《赵佃玺讲老大同故事》等数百万字专著。他说："栗毓美是个了不起的治河专家，也是我们大同的历史名人。他去世后被封为神，这从民俗的角度应该挖掘他的精神内核。他勤政爱民、廉洁奉公、教育子女都值得今人学习。"

　　河南郑州黄河博物馆赵博在栗公墓前更是激动，她恭恭敬敬地上香鞠躬，留恋很久。她说："我在博物馆摆展品时，有栗公创造的河工砖，也有栗公的画像，但仅对栗公的治河功绩略知一二。来到这里，看到如此规模宏大的墓园，我感到震撼，这是当时皇帝对他的极高褒奖。尤其听了你们的介绍，对栗公有了新的认识。他不仅是治河英雄，也是人民的好公仆。他和我们兰考县的焦裕禄虽然时代不同，但都是为人民服务的好榜样。我是西安美术学院毕业的，我要为栗公画像，还要好好研究他，争取写出一篇论文。"

　　浑源中学年轻的教师张晓欣，是一位刚从学校毕业不久的硕士生。她在栗公墓前感慨很深，侃侃而谈。她说："我去学校上班时，经常路过栗家坟，但对栗公的了解比较肤浅。小时候只是听父母讲栗大人治理过黄河，其他的不是很清楚。现在为人师表，要对学生进行爱国主义教育，尤其我是政治教师，不仅要讲书本的东西，更需要现实的、当地活生生的教材。我曾想深入了解栗大人的事迹，但苦于找不到资料。后来听说位于麻庄的县廉政教育基地办了一个栗毓美展厅，便专门去了一趟。才知道栗公不仅是一位有能力、有责任感的清朝名臣，在治河上卓有贡献，而且是个非常廉洁、一心爱民、操守品德特好的好官。栗公用他的行动给我们后人上了深刻而久远的一课，这种教育胜于任何一种空谈和说教。他告诉我们应该如何热爱百姓，为百姓做实事，谋福利，真正做到'心为民所系，利为民所谋'。在个人利益与国家利益之间他优先选择国家利益，而忽略了个人的得失，并且不惜触犯权贵，用生命去捍卫国家和百姓的利益，最后以身殉职。在当下，栗公的精神更加显得难能可贵，也是我们当代社会迫切需要的精神楷模。在缅怀栗公的同时也希望我们身边能多一些栗公这样清正廉洁的好官，他将感召着无数后来者，也激励着我们努力工作。我希望有关部门多宣传他，有关学者多研究他。我愿意身体力行，为宣传歌颂他的美德做自己力所能及的事。"

一位正在读大学的学生李敏慧说：栗毓美不仅是我们浑源人的骄傲，也是我们民族的骄傲。

在每年的五月初五端午节这一天，栗氏后人和浑源县城居民都会抽出时间来参加一年一度的祭祀活动，以此表达对他的崇敬和怀念。现在这种祭祀活动已成为一种习俗，它传递的不仅是对这位英雄和伟人的纪念，更多的是一种文化的传承，并且警示后代子孙要像栗毓美那样孝亲懂礼，恪守道德，廉政为官，勤政爱民。

栗公的精神是值得推广和学习的，尤其他倡导的"崇正学、端士习"的教育理念在今天仍有重要意义。

栗毓美墓管理所所长杨利民介绍："每年端午节，来拜祭栗公、游园的人们多达四五万。"据他回忆，从20世纪80年代初，人们开始在端午节拜祭栗公，栗氏家族还搞些纪念活动。所里职工徐仁云是一位热心收集栗毓美资料的老管理人员，他说："我也要为栗公研究做一些事情。"他在栗毓美墓管理所工作十多年，见证了家乡人民以及河南人民对栗毓美的崇敬和热爱。为了多方了解收集资料，他专门到河南宁陵县等栗毓美曾任职的地方考察，并与当地学者交流。

他说，不少在外地的有关人士，还保存着许多栗毓美的手迹，尤其栗毓美家书有厚厚的一摞，他希望有关部门尽快搜集整理出版。这些家书不仅是珍贵的史料，也是弘扬栗公精神、传播正能量的好教材。

人固有一死，或轻于鸿毛，或重于泰山。为人民利益而死，比泰山还重。可以说，栗毓美的死重于泰山。

栗毓美精神永垂不朽！

栗毓美墓园坐落于山西浑源县城东北隅，是国家级重点文物保护单位。作为一处重要人文景观，已成为大同市著名的旅游景点。

第三章

栗毓美箴言

勿苟且以随俗，勿侥幸以
求名，勿以先正之言行为迂阔，
勿以偶尔之愆误为无害。慎交
游，谨言语，务求无愧于心，
方不愧为臣为子之道。

为 政

某一日在官，不忍一日不尽心民事。

凡事之有利于民者，断无不利于国。

自古为政不外用人、理财两大端，而尤以用人为急务。

人才难得，不可求全责备。苟非残民病国之人，有不善当劝导之，卒不改，然后劾之。

以洁己爱民济之，以勤慎持之，以恒久实心实力，不敢苟且随俗。

清、慎、勤三字人皆知之。世之明而不能清、慎、勤者，固无足论。若清而不明，则流于刻；慎而不明，则流于葸；勤而不明，则徒劳罔功。故必加一"明"字，方为体用兼备。

循分供职，不知能字所包者广，非仅能了事之谓也。人果能循其分之，自然尽其职所当为。虽未能兴大利除大弊，而操守自必清洁，民事自不废驰，仓库亦必不肯亏挪，即系二等好官。现在欲得一做官而肯做事者固难，即欲得一做事以求做官者亦不甚易。

断 案

听讼之道不外乎诚悯，其无知犯法，则古人所称："如得其情，哀矜勿喜，二语尽之。"

谳狱宜旁敲侧击，使之不得不供吐实情。再察其神色，度以物理人情，自然判断平允。

修 身

事宜和衷共济，不可以势分相争。

天理不外人情，家庭之间惟宜论情，不可争理。情至则合理，争理必伤情，伤情即非理矣。

人若以小小凤嫌利人之危，是其居心险刻，实足以伤天地之和而重子孙之祸。

吾人为一事，须要有定识定见。苟可以利国利民，必当身任其责。设有阻碍，应立一必为之志，随机应变，以冀有成，不可以口舌相争。

天下事无大小，非身历其境、逐处留心者不能深知。

苟非胸有成竹，不为浮议所惑，鲜不因循卸责废于半涂，甚至心存畛域，以为责有专归，互相推诿，及至国与民交受其累，犹自谓谨守成例。此皆有私意存于中，不度事务轻重缓急之故，心存君国者必不如是。

治 学
古者仕学不分两途，师无异教，人无异学，经济学问相为表里。

不特诈伪为欺，凡有务名之心及明知事不能行而特为，大言以自夸，举成法以相绳，皆自欺也。

自来有治人无治法，天下事惟有真正学问尽心力而为之，乃能除弊。行一事有一事之益，若虚应故事，无精心实意以贯注之，虽行先王之政，亦足以滋弊扰民。

教 子
勿苟且以随俗，勿侥幸以求名，勿以先正之言行为迂阔，勿以偶尔之愆误为无害。慎交游，谨言语，务求无愧于心，方不愧为臣为子之道。

诸事虚心讲习，矢慎矢勤，不可稍有怠忽之念。

公余须读书培养身心，以廉介自勉，勿负期望。

道光皇帝对栗毓美的评价

久知汝居心办事，操守俱好，行将大用之。

汝在豫年久，由知县洊升道员，一切利弊无不洞悉。湖北与河南界连，故命汝前去。汝人极勤俭，不失读书人本色。

诸凡实力为之，河工积习若能一丝不染，方为不负委任。勉益加勉，钦此。

实心实力为之，朕有厚望于汝焉。勉益加勉，钦此。

所奏均系实在情形，毫无欺饰，朕亦可洞悉原委，真不失读书人本色。因汝有守有为，故擢用为河督。务当认真整顿，力挽颓风，以期固工节用。俾朕有知人善任之明，方为君臣一德。

汝能实心办事，又能虚心下问，以勤劳自任，朕复何虑？

栗毓美办事实心，连年节省帑金数十万，一旦病故，诚为可惜。伊因办理公事，致临终无亲属一人在侧，尤为可悯。

河东河道总督栗毓美，持躬端谨，办事实心。自擢任河督以来，慎厥修防，安澜奏绩。本年京察，特予交部议叙。河工剧要，倚畀方深，遽闻溘逝，殊堪悼惜。著加恩赏给太子太保衔，照总督例赐恤。任内一切处分悉予开复。应得恤典，该衙门察例具奏。伊次子栗燿，加恩赏给进士，俟服阕后一体殿试。

林则徐对栗毓美的评价

帝任之专，公肩之力。

财殚搴荗，虑沈炼甓。

五载试行，厥功已丰。

北流不复，永式栗公。

《清史稿》对栗毓美的评价

河患至道光朝而愈亟，南河为漕运所累，愈治愈坏。自张文浩蓄清肇祸，高堰决而运道阻。严烺畏首畏尾，湖河并不能治。张井创议改河，而不敢执咎，迄於无成，灌塘济运，赖以弥缝。麟庆、潘锡恩因循其成法，幸无大败而已。吴邦庆讲求水利，而治河未有显绩。栗毓美实心实力，卓为当时河臣之冠，不独砖工创法为可纪也。东河自毓美后，朱襄、钟祥、文冲继之，祥符、中牟迭决，东河遂益棘矣。

主要参考文献

1　《济宁直隶州志》，丁巳冬镌尊经阁藏本。

2　《浑源州续志》，州署藏本。

3　《显考朴园府君行述》，栗烜、栗燿谨述，清代版本复印本。

4　《栗恭勤公砖坝成案》，存素堂藏学强恕斋笔算丛书本。

5　《重篡三迁志》，光绪十三年刻本。

6　《栗大王年谱》，清宣统己酉年刻本。

7　《清史稿》，赵尔巽主编。

8　《豫河志》，吴泳湘编，民国 19 年重印本。

9　《中国近代史》，范文澜著，人民出版社，1951 年版。

10　《西华县志》，中州古籍出版社，1993 年 1 月版。

11　《武陟县志》，中州古籍出版社，1993 年 9 月版。

12　《黄河·人文志》，黄河水利委员会黄河志总编室编，河南人民出版社，1994 年 10 月版。

13　《清朝史话》，夏家馂著，北京出版社，1995 年 4 月版。

14 《阳武县志》，河南原阳县志编纂委员会编，2014年5月版。

15 《黄河概说》，王建平主编，黄河水利出版社，2008年6月版。

16 《清代黄河流域水利法制研究》，饶明奇著，黄河水利出版社，
2009年8月版。

17 《大清河帅栗毓美史料汇编》，栗永德编，三晋出版社，2012年6
月版。

18 《图说嘉应观》，中共武陟县委、武陟县人民政府编，中国文史出
版社，2013年版。

跋

中共大同市委常委、纪委书记　卫洪平

大同市纪委、市委宣传部、浑源县委、县纪委共同组织编写的《能臣廉吏栗毓美》，经过两年多的努力，终于完成书稿。新任中共大同市委书记张吉福同志欣然为本书作序。

2011年春，我来到大同工作。职责所系，对廉政文化建设比较关注。在宣传、组织、文化、教育、新闻等部门的大力支持下，市纪委先后组织演出了耍孩儿剧《血溅乌纱》、北路梆子《廉吏于成龙》等，编写了《廉洁文化教育读本》（中学版）。为了发挥乡贤廉政文化在反腐倡廉中的重要作用，2012年开始搜集整理清道光年间河东河道总督、浑源人栗毓美的史料。栗毓美不仅为官清廉，而且特别能干，是19世纪前期一位杰出的"能臣廉吏"——

他二十八岁当上知县，确立官箴：洁己爱民，实心实力，清慎勤明；

他当开封知府时，建书院，设义地，捐廉银，精心编校刻印《吕子遗书》，成为明万历年间"理学名臣"吕坤的隔代知音；

他当湖北按察使，严定审理积案章程，督责州县疲玩之风，以上率下，案牍廓清；

他当河南布政使兼护理巡抚，裁撤衙门供给，杜绝舞弊之风，黜华崇实，府库丰盈；

他最光彩照人的业绩是发明了"抛砖筑坝法"，每到汛期他总是躬立泥淖，抛筑的砖坝刚出水面，势尚摇动，他已屹立坝头，往来巡工；

他在黄河沿岸设窑烧制大砖，断了石料商与官员勾结的链条，惠及身后百年间黄河中下游亿兆百姓；

他在河东河道总督这个朝野闻名的肥差上干了五年，但"一无嗜好"，始终摒黜浮华，崇尚俭省，为国库节约一百五十余万两白银；

他的家训家规是："以廉介自勉"，"慎交游"，"勿苟且以随俗，勿侥幸以求名"；

他六十三岁那年（1840年）溘逝于治河工地，道光皇帝为之"震悼"，在恒岳北麓敕建了一座墓园"栗氏佳城"，他的好朋友林则徐撰写墓志铭，时寓京城的大学者张穆称他"当代伟人"，中原百姓把他奉祀为"河神"；

每年端午节，浑源县城和周围十里八乡的百姓穿戴整齐，自发地聚集到"栗氏佳城"祭祀乡贤，那个场面我亲眼见过，出出进进有四五万人；

......

这样一位能廉兼备、干净干事、百姓爱戴的乡贤，是党政领导干部的历史镜鉴，其现实教育意义不应忽视，我们有责任做好这项工作。在市纪委积极推动下，浑源县廉政教育基地增建了栗毓美展厅。县委常委、县纪委书记杨志文同志牵头成立编写组，着手编写本书。县委、县政府

151

重视弘扬乡贤廉政文化，成立了栗毓美研究会，在人财物方面给予必要的支持。恒山风景名胜区管理委员会、栗毓美墓管理所和浑源三晋文化研究会为研究工作提供了便利。

本书编写过程也是不断挖掘史料的过程。李跃山同志受聘担任县廉政教育基地顾问，编写工作主要由他执笔。他和研究会几位同志两次专程赴河南、山东，冒着严寒酷暑，寻访栗公遗迹。我关注着他们的行程。当看见他们搜寻到的大量第一手资料，特别是黄河古道黑岗口栗公设窑烧制的"河工砖"，我更是感到一种深沉的历史责任。我和编写组的同志商量，这部传记应着眼于栗毓美的"能"与"廉"，坚持以史料为基础，有一分史料说一分话；要努力写成一部信史，宁缺勿伪，让世人看到一个真实的栗毓美，把这位乡贤干净干事的正能量释放出来。回望历史，是为了更好地关注现实和未来。本书若能为净化政治生态、实现弊革风清、重塑山西形象、促进富民强省贡献一点力量，于愿足矣！

中共大同市委常委、宣传部长马斌同志对大力弘扬全市法治文化、廉政文化和红色文化工作通盘谋划，对挖掘栗毓美廉政文化资源和本书编写工作给予关心指导。山西出版传媒集团北岳文艺出版社将本书列入《廉政文化读本》丛书，社长兼总编辑续小强先生专程到浑源考察。深表感谢！

水利部黄河水利委员会黄河博物馆、档案馆，河南省宁陵县地方志办公室，武陟县文联，嘉应观景区管理局，原阳县政府办公室、文化局、文管所、河务局，开封河务局，河南大学图书馆，山东省史学会，济宁市地方史志办公室、济宁博物馆等部门负责同志和研究人员，对本书资料搜集和编写工作给予热情支持和帮助，书中引用了不少专家学者的研究成果，在此并致感谢！

　　本书第一章由徐志生、李跃山同志执笔，第二章由李跃山同志执笔，第三章由徐志生同志整理，全书由杨志文同志统稿。限于资料和水平，书中错漏之处在所难免，敬请各位方家批评指正！

2015 年 10 月 1 日